ASTROLOGÍA GUIADA

ASTROLOGÍA GUIADA

Para adentrarte profundamente en tu carta natal, tus características astrológicas y tu vida

GUÍA PASO A PASO

....

STEFANIE CAPONI

ILUSTRACIONES DE Coni Curi

ARKANO ♦ BOOKS

A todas las personas que, con cariño, han soportado durante años mis incesantes reflexiones sobre astrología, especialmente mi maravilloso marido, Kevin.

· ·

Título original: *Guided Astrology Workbook*

Traducción: Inma Morales Lorenzo

Diseño de cubierta: equipo Grupo Gaia a partir del diseño original
Ilustraciones: Coni Curi

© 2023, Penguin Random House LLC.

Publicado en Estados Unidos por Zeitgeist, un sello de Zeitgeist™,
división de Penguin Random House LLC, Nueva York.
penguinrandomhouse.com

Zeitgeist™ es una marca registrada de Penguin Random House LLC.

Publicado por acuerdo con Zeitgeist™, una división de Penguin Random House LLC.

De la presente edición en castellano:
© Distribuciones Alfaomega, Arkano Books, 2023
   Alquimia, 6 - 28933 Móstoles (Madrid) - España
   Tel.: 91 617 08 67
   www.grupogaia.es - E-mail: grupogaia@grupogaia.es

Primera edición: abril de 2025

Depósito legal: M-21.256-2024
I.S.B.N.: 978-84-19510-38-9

Impreso en China

Índice

INTRODUCCIÓN

Durante mi adolescencia y mi veintena mi principal interés eran las revistas femeninas. Al igual que todas mis conocidas, estaba suscrita a varias revistas mensuales de moda y belleza, y esperaba con impaciencia su llegada al buzón. ¿Mi parte favorita? Los horóscopos. Leía al menos seis columnas diferentes para conocer los consejos que los astros me ofrecían cada mes. Algunas veces esos mensajes resonaban en mí, pero otras me sentía desconectada de lo que leía. Dado que mi signo solar es Leo, a menudo me describían como una persona de naturaleza chispeante, extrovertida y teatral. Si bien es cierto que en ocasiones mostraba una gran vivacidad, eso no ocurría todos los días.

A mitad de la treintena todas las áreas de mi vida se desmoronaron al mismo tiempo. Mi matrimonio terminó sin explicaciones. Dejé mi trabajo y regalé mis pertenencias para cruzar el país en coche con un par de maletas y ningún plan. Fue entonces cuando acudí a las estrellas en busca de apoyo y recibí mi primera lectura astrológica profesional, con la esperanza de que me proporcionara la orientación que tanto necesitaba. Lo cierto es que no me decepcionó.

La astróloga que contraté me envió, junto con mi carta natal, un detallado archivo de audio (la carta natal es, en esencia, una instantánea de los astros basada en el día, la hora y el lugar exactos en que viniste al mundo; también se la conoce como «carta astral»). Creo que escuché la grabación más de cien veces, empapándome de todas sus revelaciones. El primer gran descubrimiento fue percatarme de que yo era mucho más que mi signo solar Leo; la desconexión que había sentido con los horóscopos mensuales de las revistas por fin tenía sentido. Mi carta era mucho más que una energía Leo grande y audaz. Cuanto más escuchaba el audio, mayor era mi convencimiento de que necesitaba comprender las sutilezas de ese enigmático mapa que lo acompañaba.

Leí algunos libros de astrología, pero los blogs y vídeos de YouTube me resultaron mucho más útiles. Primero me centré en ampliar información sobre los planetas y las casas, antes de pasar a cuestiones más complejas, como los aspectos y los asteroides. Con práctica y paciencia, fui atando cabos hasta adquirir la capacidad de leer mi carta natal con facilidad. Al seguir ahondando en los detalles, descubrí que mi pasión podía devenir en algo más que un simple pasatiempo si me decidía a convertirla en mi nueva profesión. También comprendí qué necesitaba realmente de cada una de mis relaciones, ya fueran de carácter romántico, platónico o empresarial. La parte más sanadora de este proceso de indagación fue comprender mejor las experiencias de mi infancia. Esta inesperada herramienta de crecimiento personal me permitió hacer las paces con la educación que había recibido, así como liberarme de resentimientos que había albergado durante demasiado tiempo.

Aprender a leer mi carta natal resultó ser una tarea más sencilla de lo que pensaba, y es una de las razones por las que estoy entusiasmada de enseñarte a hacer lo mismo. Puesto que la carta representa las posiciones de las estrellas y los planetas en el momento exacto de tu nacimiento, se trata de un gráfico circular dividido en 12 partes llamadas «casas», que se corresponden con cada tema o área de la vida (seguiremos explorando esta cuestión, te lo prometo). Los signos solar y lunar, el ascendente y otros ocho planetas están repartidos por las casas de tu carta. Cada planeta y cada casa tienen un significado general que se volverá específico para ti en función de su posición en la carta, como si se tratara de un mapa de tu personalidad, ambiciones, deseos ocultos y necesidades fundamentales.

La capacidad de leer tu carta natal tiene beneficios duraderos. Cuando te familiarices con ella, te darás cuenta de que la astrología puede guiarte hacia la autocomprensión, el crecimiento personal y el desarrollo espiritual. Incluso puede ayudarte a encontrar respuesta a preguntas como: «¿Qué se me da bien?», «¿Qué quiero hacer de verdad con mi vida?» o «¿Cuál ha sido el propósito de las situaciones más dolorosas que he vivido y hacia dónde me conducían?». La astrología nos permite comprendernos a nosotros mismos en un nivel cósmico, pero también puede ayudarnos con asuntos más terrenales, como movernos por los estratos y matices de las relaciones interpersonales.

Estas páginas encierran secretos que te permitirán conectar con tu mundo interior y descubrir tu máximo potencial. Estoy deseosa de que te sumerjas en ellas.

BREVE HISTORIA DE LA ASTROLOGÍA

La mayoría de nosotros sabemos que la astrología tiene que ver con las estrellas, los planetas y lo que estaba ocurriendo en el espacio exterior en el momento en que nacimos, pero ¿cómo definirla?, ¿qué es en realidad?

La astrología cuenta con dos mil años de antigüedad y estudia el movimiento de los objetos celestes y su influencia en nuestros cuerpos, nuestras vidas y el mundo natural. Suele emplearse para predecir situaciones futuras y encontrar una resonancia en hechos del pasado relativos a nuestra vida personal, nuestras familias y los acontecimientos históricos mundiales.

Aunque en la actualidad se la considera una pseudociencia y una forma de adivinación, antaño gozaba de gran prestigio, a la par que la astronomía, la alquimia, la meteorología y la medicina. A lo largo de la historia hubo célebres astrónomos que, como Galileo y Kepler, trabajaron en la corte, asesorando a la realeza sobre el impacto que los astros tenían en sus reinados. La astrología fue utilizada por numerosas culturas de todo el mundo —como la maya, la india, la china, la egipcia, la griega y la romana— para predecir cambios estacionales y revelar profecías divinas. El seguimiento de los ciclos lunares y de las épocas del año en que podían verse las constelaciones también influyó en la manera en que cada cultura construyó su sistema de calendario.

La astrología tal como la conocemos hoy en día es un híbrido de varias prácticas mucho más antiguas. Comenzó a tomar forma en Grecia durante el período helenístico, en el siglo IV a. e. c., combinando elementos de la astrología babilónica y de la astrología decánica egipcia (los decanos eran 36 estrellas individuales o pequeñas constelaciones que salían y se ponían en diferentes épocas del año. Los egipcios recurrían a ellas para comprender el mundo y realizar predicciones). La astrología occidental —basada principalmente en el *Tetrabiblos*, una obra escrita en el siglo II e. c. por el célebre astrólogo griego Ptolomeo y que aborda la filosofía y la práctica astrológicas desarrolladas a partir de la astrología helenística— sigue utilizándose ampliamente en los países de habla inglesa y es el paradigma empleado en esta obra.

OBTENER TU CARTA NATAL

Antes de seguir profundizando en el tema que nos ocupa, necesitarás una copia de tu carta natal. A mí me gusta trabajar con las cartas del sitio web astro.com (con versión en español), en funcionamiento desde hace muchos años. De todos modos, en caso de que prefieras una opción diferente, la búsqueda en Internet de «cálculo gratuito de la carta natal» te dará acceso a muchas otras herramientas.

La mayoría de los sitios web gratuitos adoptan por defecto el sistema Placidus, que está basado en el tiempo y fue ideado durante el Renacimiento para calcular las casas. Te sugiero que uses este sistema al comenzar tu viaje astrológico y que estudies otros métodos una vez que te hayas familiarizado con la lectura de tu carta. Para encontrar tu carta natal en astro.com, sigue los siguientes pasos (estas instrucciones eran correctas en el momento de escribir estas páginas, pero es posible que tengas que hacer pequeños ajustes si el sitio ha sido actualizado desde entonces).

- Visita astro.com y selecciona «Horóscopos gratuitos» en la barra de tareas.
- En el desplegable «Cartas y datos» selecciona «Dibujo de carta, ascendente» (o «Extensa selección de cartas» para añadir otros asteroides).
- Sigue las instrucciones para rellenar cada campo con tus datos de nacimiento. Lo ideal es que incluyas tanto el lugar como la hora de nacimiento (con precisión de minutos).
- *Voilà*, ¡ya tienes tu carta natal! Puedes imprimirla a fin de trabajar con ella durante la lectura, o bien guardar la imagen para conservarla en formato digital.

¿EN QUÉ ME FIJO?

Para orientarte en tu carta natal, primero busca el recuadro que enumera todas tus posiciones natales. Puede que ahora te parezca un galimatías —con anotaciones como *Sol 27 Cap 30' 35"* y *Neptuno 15 Sag 11' 45"*—, pero, de todos modos, fíjate en si puedes sacar algo en claro. Seguramente te percatarás de que «Cap» significa Capricornio, y «Sag», Sagitario. Este cuadro te indica las posiciones, dentro de las 12 casas, del Sol, la Luna, Mercurio, Venus, Marte, Júpiter, Saturno, Urano, Neptuno, Plutón, Nodo Norte (a veces denominado «Nodo Real», según el sitio web de astrología que consultes), Quirón, ascendente (AC) y Medio Cielo (MC). Incluye todas las estrellas, planetas y cuerpos celestes que empleamos para entender nuestra carta. Los números que aparecen junto a los diferentes signos son los grados de cada posición. Seguiremos ahondando en esta cuestión más adelante.

También deberías ver una cuadrícula con una lista de planetas (puede parecer una tabla de jeroglíficos), así como una serie de líneas que se cruzan en tu carta. Estos símbolos y líneas representan las múltiples formas en que los planetas de tu carta —que es única— se comunican entre sí. En astrología, la relación entre dos o más planetas de la carta está representada por líneas que forman patrones en zigzag. Cada una de estas líneas expone los tres tipos básicos de aspectos: armónicos, estimulantes y conjunciones (ampliaremos la información sobre este tema a lo largo de los siguientes capítulos).

¿QUÉ PASA SI NO CONOZCO MI HORA DE NACIMIENTO?

En este caso, también puedes beneficiarte de explorar tu carta natal. Si seleccionas la opción «Desconocida» al introducir la información de tu hora de nacimiento, obtendrás una carta exenta de líneas, ya que se necesita ese dato para efectuar los cálculos matemáticos que revelan tu signo ascendente y las casas en las que se encuentra cada planeta. Pero he aquí la buena noticia: todos tus planetas aparecerán en sus signos apropiados, de modo que aun así puedes trabajar con tus energías y obtener una gran cantidad de información valiosa sobre ti mismo.

APRENDER A LEER LA CARTA NATAL

¡Ahora empieza la diversión! Esta obra te guiará a través de todos los pasos que debes dar para comprender los múltiples estratos de información que encierra la rueda de tu carta natal, que, como ya hemos dicho, es única.

Cada elemento de la astrología está conectado, por lo que puede resultar complicado aprenderlo todo de una forma que resulte lineal y lógica. Así pues, he decidido exponer el tema de la siguiente forma: para empezar, examinaremos la rueda y las casas antes de pasar a cada una de las posiciones planetarias; a continuación, echaremos un vistazo a otros aspectos de tu carta natal, lo que te impulsará a seguir profundizando en el conocimiento de la astrología y de ti mismo.

En cada sección descubrirás información nueva, fundamentada en la sección anterior; eso te permitirá incluir cada vez más elementos en tu comprensión astrológica. También encontrarás ejercicios y preguntas que te invitarán a reflexionar y que contribuirán al proceso de integración; al mismo tiempo, profundizarás en tu conexión con tu carta natal y aprenderás más cosas sobre ti mismo. Verás que en la página 22 hay una carta en blanco, donde podrás introducir tus datos y facilitar así su consulta.

¡Comencemos!

UNO

Comprender la rueda del zodíaco

· · · · · · · · · · · · · · · · ·

EL ÚNICO MODO de entender tu carta natal consiste en conocer cómo se calculan *todas* las cartas astrales y, para ello, el primer concepto que debes dominar es el zodíaco.

El zodíaco es una mítica zona circular en la esfera celeste, que se extiende a lo largo de la eclíptica: la trayectoria que sigue el Sol a través del cielo en el transcurso de un año natural. Imagina en el espacio un gran cinturón repleto de planetas y estrellas; allí se encuentran el Sol y la Luna, todos los planetas de nuestro sistema solar y las 12 constelaciones que corresponden a los signos astrológicos. Dado que la eclíptica constituye una gran banda continua, el Sol la recorre en un ciclo interminable que se repite cada 12 meses. (En realidad, es la Tierra la que orbita alrededor del Sol, desde luego; lo que sucede es que el sistema astrológico se creó desde una perspectiva geocéntrica: aquí abajo vemos que el Sol se mueve en el cielo alrededor de ese gran cinturón imaginario). Los 12 signos —Aries, Tauro, Géminis, Cáncer, Leo, Virgo, Libra, Escorpio, Sagitario, Capricornio, Acuario y Piscis— están espaciados de forma equitativa a lo largo de esa franja circular, abarcando un tramo de 30 grados cada uno.

Pues bien, la situación del Sol en el momento de tu nacimiento define tu signo solar, que es la pequeña parte de la astrología que se incluye en la mayoría de los horóscopos. Aunque se trata de un dato importante, representa solamente un aspecto de tu carta.

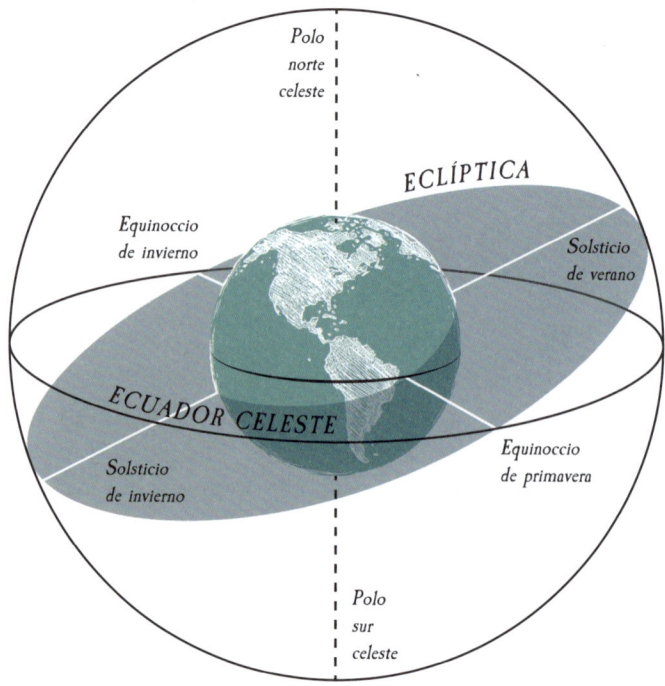

UN PATRÓN CÍCLICO

El zodíaco y las constelaciones interactúan entre sí en ciclos. Su movimiento está visiblemente ligado a la eclíptica del Sol en el firmamento a lo largo del año. Y dado que la franja del zodíaco y las divisiones de las casas parecen una antigua rueda de carreta, a menudo nos referimos a este sistema cíclico como la «rueda zodiacal».

Cada uno de los 12 signos astrológicos rige una de las 12 casas en función de la época del año en que cada constelación es visible en el cielo. Las casas son las divisiones que ves en tu carta natal, y sus nombres coinciden con sus números. La primera casa está regida por Aries; la segunda, por Tauro; y así sucesivamente, hasta llegar a la duodécima casa, regida por Piscis. Cada casa representa un aspecto clave de la vida, desde la salud y el dinero hasta las relaciones y la comunicación. Las casas son como un mapa del gran círculo celeste situado en el centro de la franja zodiacal, por el que se desplazan los planetas en un movimiento constante. Cuando naciste, cada planeta estaba en una casa determinada, como puedes ver en tu carta astral. La posición de cada planeta en una casa concreta influirá en tu vida y en tu personalidad.

Si colocas tu carta natal junto a la rueda zodiacal natural que aparece a continuación, observarás que la primera se diferencia de la segunda en función de tu signo ascendente individual. De este modo, aunque Aries rige la casa I, si tienes el ascendente en Acuario, el signo de Acuario será tu ascendente *y* el regente de la casa I en tu carta. Pero, con independencia de cuáles sean los regentes de las casas en una carta concreta, cada casa tiene la energía de su regente natural. Para simplificar las cosas, echemos un vistazo a la rueda zodiacal con el regente natural de cada casa. Esto te ayudará a comprender la energía y el significado de cada una de ellas y de su signo regente cuando comiences a analizar tu propia carta.

Por otro lado, a medida que crecemos y maduramos, vamos experimentando diferentes aspectos de cada casa. Cuando estamos en la veintena y a la casa V le llega una gran cantidad de energía cósmica, podemos sentirnos eufóricos. Pero cuando estamos en la cincuentena y esos mismos cuerpos celestes se alinean en la casa V, podemos interpretar esas energías de formas nuevas y profundas. La rueda del zodíaco sirve como un mapa cíclico de nuestras vidas, y cada casa nos ofrece una visión de cómo podemos sentirnos o actuar en diferentes etapas y edades.

CARACTERÍSTICAS DE LOS SIGNOS DEL ZODÍACO

Al igual que las personas, los signos del zodíaco son complejos. Tienen personalidades, opiniones y formas únicas de comportarse, lo cual contribuye a que sean personajes poderosos y llenos de matices. Gran parte de estos rasgos proviene de las capas de simbología y asociación presentes en cada uno de ellos. Por eso te invito a explorar algunos de esos estratos.

Cada uno de los signos del zodíaco está representado por un personaje mitológico o arquetipo. Se trata de los símbolos que, seguramente, ya conoces: el cangrejo en el caso de Cáncer; los gemelos en el de Géminis; el escorpión en el de Escorpio, etcétera.

Podríamos decir que los arquetipos son la forma más sencilla de entender los signos, ya que los símbolos arquetípicos ofrecen algunas pistas generales sobre su comportamiento. El arquetipo de Leo es el león, por lo que a los leo se los conoce por sus dotes de liderazgo y valentía; el arquetipo de Libra es, por su parte, la balanza, lo cual indica que los libra suelen ser imparciales y valoran el equilibrio. Si bien estos arquetipos son las líneas generales que se pueden encontrar en la columna del horóscopo de una revista, se trata de conceptos importantes que hay que comprender. Además de estos símbolos, fácilmente reconocibles, cada signo está asociado con una serie de relevantes características:

Dualidades: la dualidad astrológica tiene que ver con la cantidad de energía masculina y femenina que expresa cada signo. No está relacionada con los conceptos de género existentes hoy en día; sencillamente, describe cómo expresa su energía cada signo. En el contexto de la astrología, la energía masculina o yang es asertiva, estructurada y orientada a la acción, mientras que la femenina o yin es intuitiva, receptiva y fluida.

Elementos: los signos se relacionan con uno de los cuatro elementos principales, a saber: tierra, aire, fuego o agua. Esta asociación elemental influye en el comportamiento de cada signo. Quizá, por ejemplo, hayas oído decir alguna vez que alguien es un «signo de agua», en referencia al elemento que está vinculado a su signo solar.

Modalidades: también se las denomina «cualidades». Son tres: cardinal, fija y mutable. Los signos cardinales están relacionados con los inicios y la creatividad; los signos fijos, con la determinación y la individualidad; los signos mutables, con la adaptabilidad y el ingenio.

SIGNO	NÚMERO DE CASA	SÍMBOLO/ GLIFO	ARQUETIPO
ARIES	Casa I	♈	El carnero
TAURO	Casa II	♉	El toro
GÉMINIS	Casa III	♊	Los gemelos
CÁNCER	Casa IV	♋	El cangrejo
LEO	Casa V	♌	El león
VIRGO	Casa VI	♍	La virgen
LIBRA	Casa VII	♎	La balanza
ESCORPIO	Casa VIII	♏	El escorpión
SAGITARIO	Casa IX	♐	El arquero
CAPRICORNIO	Casa X	♑	La cabra marina
ACUARIO	Casa XI	♒	El aguador
PISCIS	Casa XII	♓	El pez

Un mayor conocimiento de las diferentes dualidades, elementos y modalidades te permitirá realzar el carácter peculiar de cada signo, confiriéndole una amplia variedad de matices. Al igual que nosotros, los signos son seres multidimensionales y no pueden reducirse a sencillos símbolos ni a unas pocas palabras clave.

LAS DUALIDADES

A los seres humanos nos encanta simplificar los sentimientos y las ideas complejas en términos binarios. Nuestros cerebros están programados para clasificar las cosas como «buenas» o «malas» por comodidad, para no tener que reconocer las zonas grises que a menudo conforman nuestra realidad. Pero lo cierto es que muchas de las decisiones que tomamos suponen un lado positivo y otro negativo. Cada persona alberga tanto luz como oscuridad —algo de yin y de yang—. La dualidad es una parte fundamental de la vida. También está presente en la naturaleza y contribuye a que nuestro mundo se mantenga en equilibrio.

SIGNO	DUALIDAD
ARIES	Masculina
TAURO	Femenina
GÉMINIS	Masculina
CÁNCER	Femenina
LEO	Masculina
VIRGO	Femenina
LIBRA	Masculina
ESCORPIO	Femenina
SAGITARIO	Masculina
CAPRICORNIO	Femenina
ACUARIO	Masculina
PISCIS	Femenina

Considera la astrología como un mundo poblado por los signos astrológicos. Las polaridades de la astrología otorgan la etiqueta de masculino o femenino a cada signo para mantener el equilibrio en ese mundo, pero esto no quiere decir que se les esté asignando un género determinado. Cuando nos referimos a la dualidad de un signo como masculina o femenina, estamos empleando esos términos para describir la energía que posee alguien con ese signo y el modo en que podría interactuar con otras personas y su entorno. La energía masculina presenta rasgos típicamente asociados con el yang: es asertiva, estructurada y está orientada a la acción; la femenina, en cambio, vinculada al yin, es intuitiva, receptiva y fluida. Ninguna es mejor o peor que la otra. Cada signo tiende al equilibrio y a la dualidad, al igual que todos nosotros, que usamos ambas energías en nuestro interior para disfrutar de una vida lo más plena y enriquecedora posible.

Los signos de la tabla se enumeran en el orden en que aparecen a lo largo del año natural. Observa cómo se alternan, empezando por Aries/masculina. Esto te ayudará a recordar que estas energías se suceden para mantener el equilibrio.

EL LENGUAJE DE GÉNERO EN LA ASTROLOGÍA

La astrología es una antigua práctica que sigue empleando las voces «masculino» y «femenino» para describir las dualidades y polaridades de los signos y planetas. Aunque hoy en día estos términos se relacionan a menudo con géneros concretos, en astrología no están asociados con el género. Los vocablos «femenino» y «masculino» han sido utilizados a lo largo del tiempo por diversas culturas para describir energías duales, algo que fue popularizado en Occidente por el psicólogo Carl Jung. Los signos no tienen un género asignado, y cuando se dice que Venus y Marte son planetas de naturaleza femenina y masculina respectivamente, esto significa que la energía de estos planetas se está expresando de una forma tradicionalmente asociada a las energías de lo «femenino» y lo «masculino». Estos términos también podrían sustituirse por «yin» y «yang».

LOS ELEMENTOS

Los cuatro elementos desempeñan un papel en los sistemas de creencias de innumerables culturas a través del tiempo y el espacio. Al igual que las dualidades, los elementos (tierra, aire, fuego y agua) ayudan a crear armonía y equilibrio en nuestro mundo. Hay quien los considera los cimientos de la vida tal como la conocemos: para sobrevivir, necesitamos el suelo bajo nuestros pies, el agua que bebemos, el aire que respiramos y el poder que nos otorga el fuego. Conocer las asociaciones elementales de cada signo del zodíaco te ayudará a conectar con su esencia fundamental.

Los signos de fuego (Aries, Leo, Sagitario) son conocidos por ser apasionados, creativos, asertivos y reactivos. Son los más rápidos en pasar a la acción, a veces antes de pensar bien las cosas.

Los signos de tierra (Tauro, Virgo, Capricornio) se mueven lenta y deliberadamente, sopesando todas las opciones antes de actuar. Se los conoce por ser firmes, estables, sensuales y estar sintonizados con su cuerpo.

Los signos de aire (Géminis, Libra, Acuario) son agudos, a la vez que volubles y profundos pensadores. Son excelentes comunicadores, pero tienden a pensar demasiado o a intelectualizar antes de pasar a la acción.

Los signos de agua (Cáncer, Escorpio, Piscis) son intuitivos y se los conoce por la profundidad de sus emociones. Suelen experimentar el mundo a través de sus complejos sentimientos, buscando la seguridad antes de pasar a la acción.

LAS MODALIDADES

No todos los signos de fuego son iguales. Lo mismo ocurre con los signos de tierra, aire y agua. Aquí es donde entran en juego las modalidades para añadir profundidad a cada signo. Considéralo de este modo: el elemento sienta las bases de un signo y la modalidad lo desarrolla, aportándole aún más carácter y propósito. Por ejemplo, hay tres signos de fuego: Aries, Leo y Sagitario. Aries es un signo de fuego cardinal, Leo es un signo de fuego fijo y Sagitario es un signo de fuego mutable.

En cada modalidad están representados los cuatro elementos, creando cuadruplicidades (o un conjunto de cuatro signos):

Los signos cardinales (Aries, Cáncer, Libra, Capricornio) son iniciadores con una clara tendencia a empezar la fiesta. Estos signos son conocidos por ser líderes y forjar nuevos caminos.

Los signos fijos (Tauro, Leo, Escorpio, Acuario) son inamovibles cuando han tomado una decisión. Aunque el cambio puede suponerles un desafío, terminar lo que han empezado es su especialidad. Estos signos son conocidos por dar ejemplo de fortaleza y perseverancia.

Los signos mutables (Géminis, Virgo, Sagitario, Piscis) son sinónimo de evolución. Se trata del grupo de signos más flexible y nos ofrecen brillantes ejemplos de crecimiento cuando se les da libertad para cambiar y adaptarse.

SIGNO	ELEMENTO	MODALIDAD
ARIES	Fuego	Cardinal
TAURO	Tierra	Fijo
GÉMINIS	Aire	Mutable
CÁNCER	Agua	Cardinal
LEO	Fuego	Fijo
VIRGO	Tierra	Mutable
LIBRA	Aire	Cardinal
ESCORPIO	Agua	Fijo
SAGITARIO	Fuego	Mutable
CAPRICORNIO	Tierra	Cardinal
ACUARIO	Aire	Fijo
PISCIS	Agua	Mutable

Completa la rueda del zodíaco

1. En la parte interior de la rueda, numera las casas del 1 al 12 moviéndote en el sentido contrario al de las agujas del reloj desde la línea izquierda (horizonte este), marcada como «AC», refiriéndose al ascendente.

2. En la parte exterior de la rueda, introduce el signo zodiacal que rige cada casa de forma natural (véase la página 15), empezando por Aries.

3. En la parte más amplia de la rueda, dibuja el glifo (véase la página 17) asociado a cada signo.

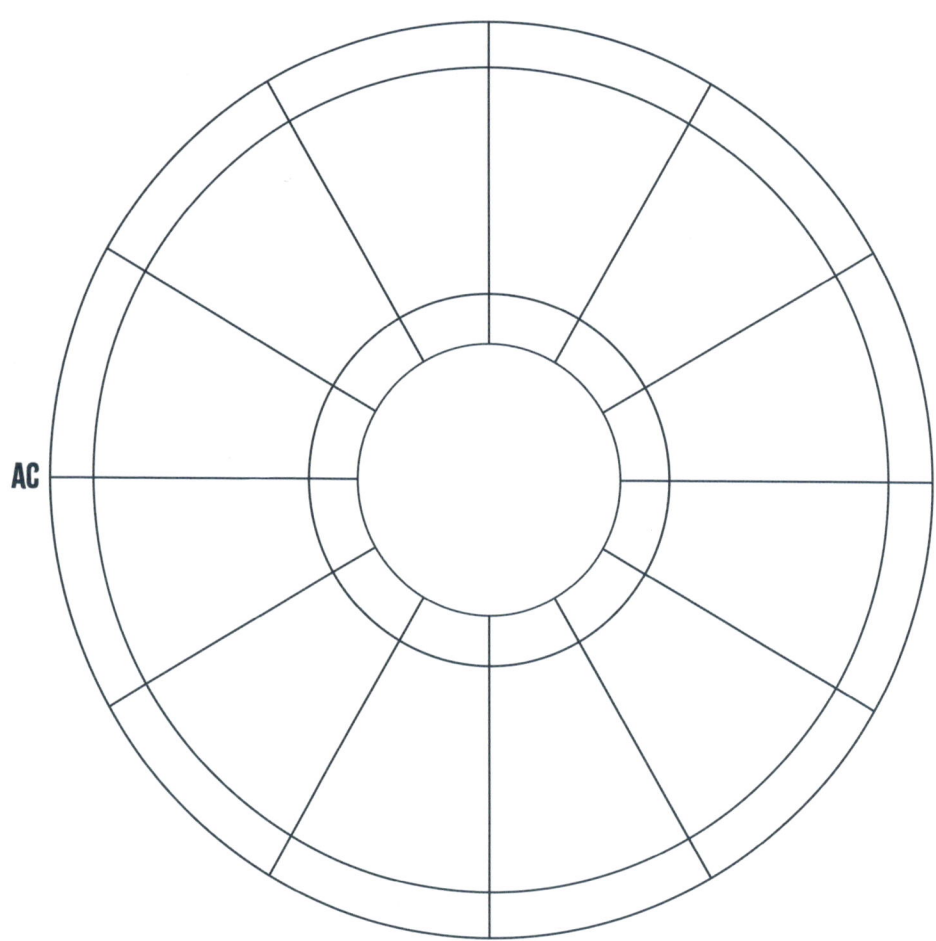

AC

Trabajar con la carta natal: los tres grandes

1. Rellena los espacios indicando tus tres grandes signos y anotando al lado el elemento, la modalidad y la dualidad de cada uno de ellos.

   Sol en .... Elemento .... Modalidad .... Dualidad ....

   Luna en .... Elemento .... Modalidad .... Dualidad ....

   Ascendente en .... Elemento .... Modalidad .... Dualidad ....

2. ¿En qué se parecen o diferencian estas cualidades?

   ....

   ....

   ....

REFLEXIÓN

¿Qué ideas te surgen al examinar las diferentes características de cada signo? Fíjate en la posición de cada uno de ellos en tu carta natal. ¿Están cerca unos de otros? ¿O más bien alejados? ¿Se encuentran cerca de la parte superior o inferior de la carta? ¿Empiezas a ver cómo estos elementos son esenciales para comprender las maravillosas complejidades que te conforman?

....

....

....

DOS

Explorar las 12 casas

· · · · · · · · · · · · · · · · · · ·

SE PUEDE CONOCER mucho de las personas observando el lugar donde habitan. Una casa puede estar repleta de plantas, libros y adornos, y otra ser espartana y austera. En algunos hogares siempre están cambiando la decoración o repintando las paredes, mientras que en otros no se realiza ningún cambio durante décadas. Los objetos, los colores, la distribución, los olores, las formas y el grado de desorden revelan los hábitos y rasgos de sus moradores. Incluso no hacer nada es una elección que se refleja en el espacio vital.

Pues bien, lo mismo sucede con las casas del zodíaco. Estos segmentos de la rueda son una parte fundamental de tu carta natal y, cuando empieces a estudiar qué planetas se sitúan en qué casas, obtendrás una perspectiva totalmente nueva de tu identidad. Puede que algunas de tus posiciones planetarias personales se encuentren en varias casas, o principalmente en una o dos, dejando otras vacías. Esto no significa que esas casas vacías carezcan de interés en tu carta, sino que las casas que contienen tus planetas estarán más activas a lo largo de la vida, mientras que las otras casas adquirirán cierta relevancia de vez en cuando a través de los tránsitos planetarios. En este libro excluiremos los tránsitos a fin de que adquieras dominio en el análisis de tu carta.

Las casas del zodíaco reflejan 12 áreas vitales por las que pasamos una y otra vez mientras crecemos y maduramos a lo largo de nuestra existencia. A medida que envejeces, tu vida evoluciona de forma natural en las áreas del conocimiento, la familia, el amor, las relaciones, la economía y tu contribución al planeta. Tus planetas natales se encuentran en ciertas casas que imbuyen su sabor específico en la esencia de esos planetas. Conocer y comprender las similitudes y diferencias de los regentes naturales y tus propios regentes en cada una de las 12 casas te ayudará a conocer más profundamente tu personalidad, patrones y experiencias vitales.

Antes de explorar los planetas específicos de tu carta, debemos familiarizarnos con cada una de las 12 casas y sus significados generales. De este modo, cuando observes cualquier carta natal, no solo la tuya, obtendrás una comprensión global de la rueda del zodíaco.

LA PRIMERA CASA

REGENTE NATURAL: Aries

PALABRAS CLAVE: apariencia, primeras impresiones.

AFIRMACIÓN: «Soy un individuo polifacético, estoy aquí para dejar mi huella en el mundo».

La casa I está regida por Aries. Se trata del ámbito donde se pone de manifiesto el signo distintivo que te caracteriza, la versión de ti mismo que ven los demás. Es tu apariencia física externa, las impresiones que ofreces y cómo te percibe la gente. La casa I también se conoce como la máscara que llevas para moverte sigilosamente por el mundo y cumplir la misión de tu signo solar. En cierto modo, refleja tu enfoque vital más que tu identidad esencial.

Pronto hablaremos de las asociaciones planetarias de cada signo zodiacal, ya que cada uno de ellos está vinculado a un planeta de nuestro sistema solar. Pero por ahora te ofrezco un rápido avance: el planeta regente del signo zodiacal que está en la cúspide de tu primera casa también se conoce como el «regente de tu carta» (para obtener más información sobre las cúspides, consulta la página 33). Ese título especial se asigna al regente planetario de la casa I, que desempeña una función especial en tu papel en la vida, trabajando en tándem con tu signo solar a fin de ayudarte a desplegar los dones de tu carta y dar forma a cómo te ve el mundo.

LA SEGUNDA CASA

REGENTE NATURAL: Tauro

PALABRAS CLAVE: posesiones, valores, autoestima.

AFIRMACIÓN: «Me valoro a mí mismo, soy digno de todo lo bueno que me ofrece la vida».

La casa II es el ámbito de los valores, la autoestima y las posesiones, y está regida por Tauro. El signo que se encuentra en la cúspide de esta casa puede indicar tu sentido de valía y la opinión que tienes de ti mismo, así como tu actitud hacia el dinero, el grado de posesividad que muestras con las cosas y las personas de tu vida, y aquello que aprecias en el mundo. Esta casa puede darte pistas útiles sobre las mejores formas de ganar dinero.

¿La casa II refleja únicamente tu lado materialista? En absoluto. No se limita a los objetos tangibles. Al fin y al cabo, somos dueños de nuestros sentimientos y emociones, así como de nuestras identidades, capacidades, necesidades y deseos. Cuando hablamos de «admitir» algo —como un deseo secreto o un error que hemos cometido— significa que asumimos que se trata de un elemento que nos pertenece. Así pues, ni la propiedad ni el valor se reducen al dinero y las cosas. Considera la casa II como el lugar donde reside todo aquello que aprecias y estimas.

LA TERCERA CASA

REGENTE NATURAL: Géminis

PALABRAS CLAVE: comunicación, viajes cortos, aprendizaje temprano.

AFIRMACIÓN: «Cuando me abro a múltiples puntos de vista, mi sabiduría se expande constantemente».

La casa III es el ámbito de la comunicación, la mentalidad, la forma de procesar la información, la comunidad local, los viajes de corta distancia y las relaciones con hermanos y parientes cercanos. ¿Te parecen muchos elementos juntados al azar? Esto se debe a que la casa III está regida por Géminis, y todos estos componentes están integrados en la atareada esfera de Mercurio, al ser el planeta que rige Géminis.

La casa III también se ocupa de los primeros años escolares, y el signo que se encuentra en la cúspide de esta casa en tu carta ofrece una valiosa perspectiva sobre cómo recibías la información durante la infancia. Dado que también incluye el ámbito familiar, esta casa puede explicar cómo eran tus relaciones con tus hermanos, primos, tíos y tías. Se trata de un área que constituye el fundamento de tu forma de pensar y que describe cómo las ideas que interiorizaste durante tus años de formación se han convertido en las creencias fundamentales que irán expandiéndose y evolucionando a lo largo de tu vida.

LA CUARTA CASA

REGENTE NATURAL: Cáncer

PALABRAS CLAVE: hogar, familia, base de la carta.

AFIRMACIÓN: «Vaya donde vaya, siempre estoy en casa dentro de mí mismo».

La casa IV es un ámbito de vital importancia, ya que constituye el fundamento de tu lado psicológico y emocional. También se conoce como Imum Coeli (IC), que alude al nadir o parte inferior de la carta. Regida por Cáncer, la casa IV está asociada con el cuidado parental y las conductas que te sirvieron de modelo durante tus años de formación.

El signo vinculado con tu casa IV describe el tipo de infancia que tuviste, cómo pensabas y te sentías respecto a tus padres, el tipo de disciplina y cuidados parentales que recibiste y todo lo que queda por descubrir en tu subconsciente. Conocer tu casa IV es la clave para emprender cualquier trabajo de sanación del niño interior que puedas necesitar, ya que se trata de un punto sumamente sensible de tu carta.

LA QUINTA CASA

REGENTE NATURAL: Leo

PALABRAS CLAVE: placer, creatividad, citas ocasionales.

AFIRMACIÓN: «Mi parte lúdica honra mi individualidad y creatividad; estoy aquí para brillar».

La casa V es el ámbito del juego, la creatividad y el placer. Mientras que la casa IV te ofrece información de tu familia y de cómo creciste, la casa V se centra en tu individualidad, en quién eras durante la infancia y en cómo tus hijos (en caso de que los tengas) te experimentarán como progenitor. Para muchas personas que se convierten en padres, los hijos son una enorme fuente de placer, así como una extensión creativa de sí mismos.

Esta casa también está asociada con las citas ocasionales y te ofrecerá pistas sobre el tipo de personas que te resultan atractivas (aunque no necesariamente a largo plazo. Trataremos este punto en la casa VII). Las aventuras amorosas, las relaciones románticas y la satisfacción emocional residen aquí. La casa V está regida por el vivaz Leo, y se trata de la parte de tu carta en la que brillas, te expresas creativamente y estás destinado a destacar.

LA SEXTA CASA

REGENTE NATURAL: Virgo

PALABRAS CLAVE: rutina diaria, salud, organización.

AFIRMACIÓN: «Priorizar mi bienestar, desarrollar hábitos saludables y crear rutinas son actos de autocuidado».

La casa VI es el ámbito de la salud física, las rutinas diarias y las relaciones con los animales. Regida por Virgo, es la casa en la que se equilibran las responsabilidades laborales con la estructura de la vida cotidiana, el trato al cuerpo, la organización de las actividades y el diseño del espacio. La conexión mente-cuerpo se revela a través de la forma en que equilibras estas cuestiones. El signo que se encuentra en la cúspide de esta casa te dará valiosas pistas acerca de tus hábitos de trabajo y de cómo te cuidas físicamente.

Puesto que la salud también abarca nuestra resiliencia y nuestra capacidad de afrontar lo inesperado, la casa VI refleja igualmente estos aspectos. Las crisis, las enfermedades y las sorpresas desagradables forman parte de nuestra vida. ¿Cómo afrontaremos estas situaciones y de qué modo lidiaremos con las lecciones que quieren enseñarnos? Conocer la respuesta contribuye a definir la persona en la que nos convertiremos.

LA SÉPTIMA CASA

REGENTE NATURAL: Libra

PALABRAS CLAVE: equilibrio, relaciones, parejas significativas, matrimonio.

AFIRMACIÓN: «Mis relaciones son espejos que reflejan cada parte de mi ser, que es de por sí completo y digno».

Regida por Libra, la casa VII es el ámbito de las asociaciones relevantes y el matrimonio (sin importar lo que signifique para ti).

Mientras que la casa V describe las experiencias de citas casuales que puedas tener, las cosas se ponen serias en la casa VII. Las relaciones pueden adoptar múltiples formas, al igual que los matrimonios (hay quien dice que los socios creativos contraen un «matrimonio de mentes»). La esencia de esta casa estriba en cómo encuentras personas que te complementan y en cómo decides cooperar con ellas. ¿Por qué buscas a las personas que buscas? ¿Cómo te relacionas con ellas? ¿Por qué son esas las personas a las que deseas amar, con las que prefieres trabajar o con las que quieres colaborar a largo plazo?

La casa VII también se conoce como la «casa de los enemigos declarados», lo que tiene sentido si pensamos en lo dolorosas que pueden llegar a ser algunas relaciones valiosas que impulsan nuestra reactividad. En última instancia, el signo que se encuentra en la cúspide de la casa VII te mostrará las cualidades que buscas en una relación duradera.

LA OCTAVA CASA

REGENTE NATURAL: Escorpio

PALABRAS CLAVE: sexo, transformación, temas tabúes, motivaciones ocultas.

AFIRMACIÓN: «Me abro a la transformación cuando acepto todas las partes de mí mismo sin vergüenza».

La casa VIII es donde nos fusionamos con el «otro», ya que las asociaciones que se forjaron en la casa VII requieren una vulnerabilidad que incluye la sexualidad, la combinación de las finanzas personales y la revelación de nuestro yo secreto. Regida por Escorpio, la casa VIII es comúnmente la casa del sexo, la muerte y los impuestos.

El vínculo entre sexo y muerte suele atribuirse al término francés empleado para el orgasmo, *la petite morte*, 'pequeña muerte'. Cuando alcanzamos la cúspide del placer, podemos sacrificar un poco de nosotros mismos o dejar que se desvanezca en el espacio. Además, en varias prácticas ocultas existe un vínculo entre la muerte y el renacimiento, el crecimiento o los nuevos comienzos. El sexo, la muerte, el renacimiento y pagar el precio por lo que deseamos son igualmente importantes en la vida.

El signo vinculado con tu casa VIII revelará tus preferencias sexuales, el tipo de matrimonio o relación duradera que mantendrás, tu relación con el dinero ajeno, cualquier interés por los estudios ocultistas y todos los temas considerados tabúes.

LA NOVENA CASA

REGENTE NATURAL: Sagitario

PALABRAS CLAVE: enseñanza superior, viajes de larga distancia, espiritualidad.

AFIRMACIÓN: «Amplío mis horizontes personales cuando me abro a lo nuevo. Nunca dejaré de crecer mientras siga aprendiendo».

La casa IX es el ámbito de los viajes de larga distancia, la educación superior y el aprendizaje más allá de lo que se enseña en el aula. Es la casa de los aventureros espirituales, los estudios religiosos y la filosofía, y, en general, de cualquier persona que busca un sentido a su vida. Regida por Sagitario, la casa IX es el lugar al que acudes para ampliar tus horizontes y explorar nuevas culturas.

Esta casa también rige las publicaciones, la enseñanza y el intercambio de las experiencias personales que el mundo te ha enseñado. El signo vinculado con tu casa IX te ofrecerá pistas sobre cómo viajas y experimentas nuevas culturas, tus puntos de vista religiosos o espirituales, y posiblemente aquello que debes compartir con el mundo.

LA DÉCIMA CASA

REGENTE NATURAL: Capricornio

PALABRAS CLAVE: logros personales, legado, cúspide de la trayectoria profesional.

AFIRMACIÓN: «El propósito de mi vida está desarrollándose todo el tiempo. Me deleito en el viaje en vez de centrarme en un destino concreto».

La casa X es el ámbito del trabajo significativo, de tu profesión y del legado que creas en esta vida. Regida por Capricornio, esta casa es el lugar en el que te sientes sumamente motivado y centrado para lograr tus objetivos y dejar tu huella en el mundo. Esto trata de algo más que una cuestión económica: es lo que tu alma anhela emprender para que el mundo sea un lugar mejor. También se la conoce como la «casa del estatus social», ya que los logros, los ascensos y la fama siempre traen consigo una posición social elevada.

Pero, en general, es la casa del trabajo, la vocación y la llamada. ¿Qué papel deseas construir para ti mismo y cómo vas a desempeñarlo? ¿Cuánto quieres conseguir ahora y en el futuro? Aquí entran en juego la ocupación, los objetivos profesionales, la ambición y la motivación. El signo que se encuentra en la cúspide de esta casa te ayudará a conocer los dones únicos que contribuirán a hacer realidad esos sueños.

LA UNDÉCIMA CASA

REGENTE NATURAL: Acuario

PALABRAS CLAVE: actividades en grupo, esperanza en el futuro.

AFIRMACIÓN: «Mi papel en la sociedad y mis amistades son especiales. Me siento seguro de mí mismo al compartir mi perspectiva e ideas únicas».

La casa XI es el ámbito de los círculos sociales, las amistades, los grupos a los que perteneces, tus esperanzas y sueños, y los avances modernos para ti y la sociedad. Regida por Acuario, la casa XI te pide que salgas de tus viejas zonas de confort y mires hacia el futuro, que conozcas y pongas en práctica nuevas tecnologías, que te unas a los demás en favor de una visión más amplia y que compartas tus logros con los demás.

El signo que se encuentra en la cúspide de esta casa te mostrará el tipo de amigos que atraes y cómo te muestras en los grupos. También puede revelar cómo compartirás tus dones y habilidades con el mundo.

LA DUODÉCIMA CASA

REGENTE NATURAL: Piscis

PALABRAS CLAVE: sueños, autodestrucción, escapismo, unidad universal.

AFIRMACIÓN: «Me doy cuenta de que mis hábitos "poco saludables" son mis puntos fuertes y están aquí tanto para enseñarme como para ayudar a la colectividad».

La casa XII es un ámbito misterioso que te conecta con el inconsciente colectivo. Regida por Piscis, esta casa es donde tu cuerpo físico se encuentra con tu lado espiritual y se afronta el conflicto de estar confinado en un cuerpo humano. A veces nos sentimos atados y limitados por nuestras vidas o atrapados en una rutina de la que no sabemos salir. En esta casa es donde decidimos cómo avanzar. ¿Seremos sinceros y desvelaremos verdades ocultas o mantendremos nuestros secretos en la sombra?

El signo que se encuentra en la cúspide de esta casa te indicará cómo te autosaboteas cuando escapas de la realidad. También puede mostrarte cómo experimentas el sufrimiento, el aislamiento, el confinamiento y los enemigos ocultos (no es tan aterrador como parece). Aquí es donde puedes conectar con la energía del universo a través de los sueños, la meditación, la música, el arte y la creatividad. Esta casa te permite ser un canal de las formas superiores de conciencia.

LAS CÚSPIDES

La cúspide de una casa es la línea que marca su comienzo, como una puerta de separación entre una casa y la anterior. A partir de ahora, cuando hablemos de las líneas que definen el final de una casa y el principio de otra, nos referiremos a ellas como cúspides.

Es posible que también hayas oído el término «cúspide» haciendo alusión a los cumpleaños que caen cerca del final de un signo y el principio de otro. Por ejemplo, alguien que cumple años el 22 de agosto puede considerarse un leo con «tendencias de virgo» porque su cumpleaños tiene lugar en la cúspide del período de Virgo. Sin embargo, la mayoría de los astrólogos no entienden las cúspides de esta manera debido a la posición de otros planetas en la carta natal. Cuando hablemos de cúspides a lo largo de estas páginas, nos referiremos estrictamente al inicio de una casa en particular, y emplearemos el término para determinar la ubicación de las casas.

Las 12 casas

1. Escribe el signo zodiacal que rige cada una de las 12 casas.

2. Etiqueta cada casa con palabras clave que te ayuden a recordar los temas importantes.

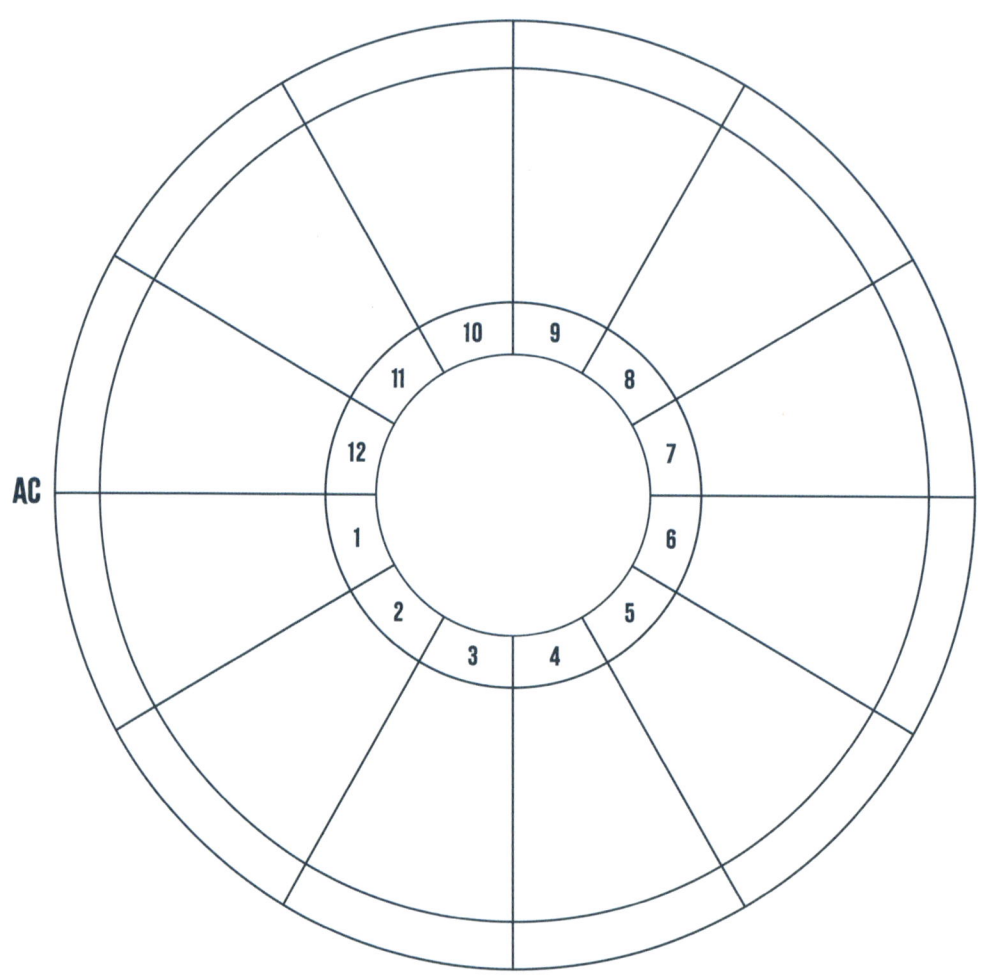

Trabajar con la carta natal: los regentes de las casas

1. Introduce los signos regentes de las casas de tu propia carta natal y escribe las palabras clave de cada una.

2. Reflexiona sobre las diferencias y similitudes entre las características de los signos regentes naturales y los de tu propia carta.

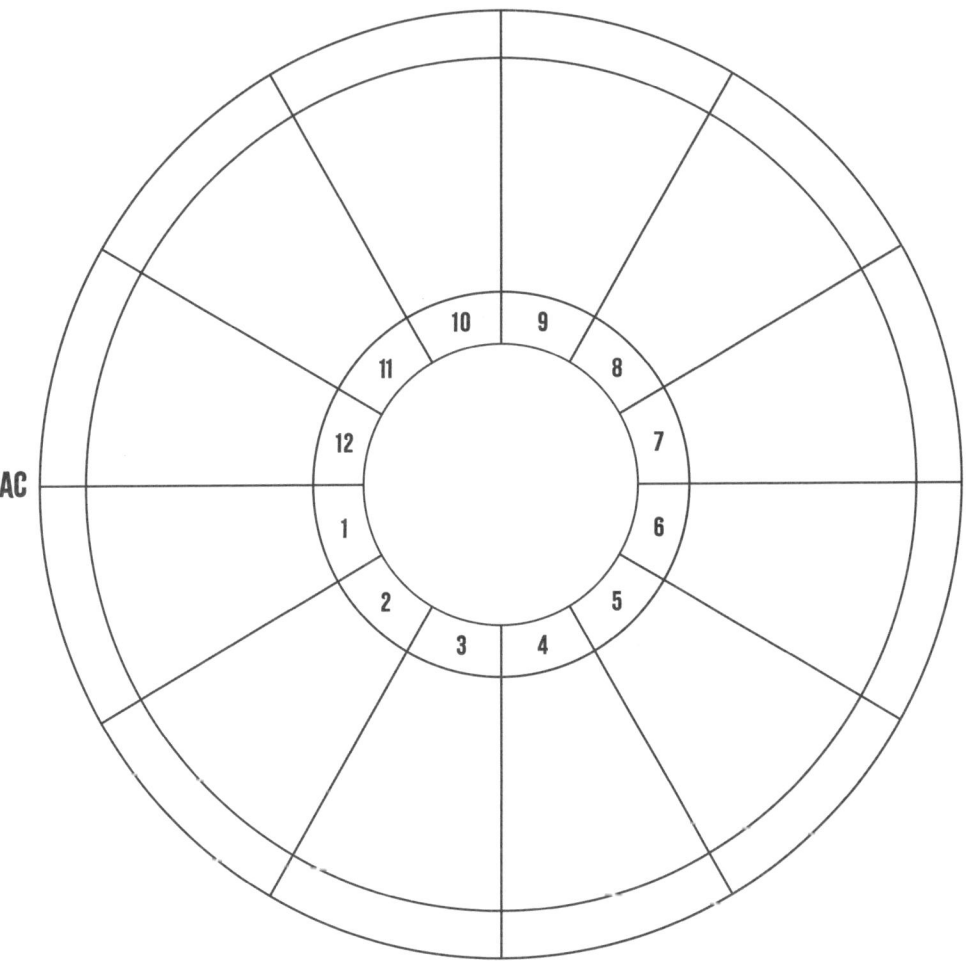

REFLEXIÓN

Primera casa: ¿cómo crees que te perciben los demás?

....

....

....

Segunda casa: ¿qué cosas valoras más en la vida?

....

....

....

Tercera casa: ¿cómo viviste el ámbito escolar y el aprendizaje durante tu niñez?

....

....

....

Cuarta casa: ¿qué es lo que aprecias de tu infancia o de la dinámica familiar?

....

....

....

Quinta casa: ¿qué haces para encontrar la alegría o despertar la creatividad?

....

....

....

Sexta casa: ¿cómo te relacionas con tu entorno laboral y tus compañeros?

....

....

....

Séptima casa: ¿qué cualidades te atraen de una persona?

....

....

....

Octava casa: ¿cómo te has transformado a lo largo de tu vida?

....

....

....

Novena casa: ¿cuál es tu viaje o destino soñado?

....

....

....

Décima casa: ¿de qué manera empleas o podrías emplear tus dones naturales en tu profesión actual?

....

....

....

Undécima casa: describe lo que sucedió la última vez que saliste de tu zona de confort.

....

....

....

Duodécima casa: ¿qué haces para «evadirte» después de un mal día?

....

....

....

TRES

Entender los signos solares

· · · · · · · · · · · · · · · · · · ·

EL SOL ES LA LUMINARIA más brillante de nuestro sistema solar, la poderosa estrella que hace posible nuestras vidas. Sin su luz y su calor no tendríamos alimentos ni medioambiente ni forma alguna de prosperar en el mundo. Puede que lo demos por sentado, pero el Sol nos ayuda a mantenernos felices y sanos todos los días de nuestra vida.

Puesto que el Sol es tan importante para la vida en la Tierra, no es de extrañar que también desempeñe un papel fundamental en tu carta natal. Tu signo solar constituye el signo principal del zodíaco debido a que representa tu misión única en esta vida. También abarca tu sentido de identidad, tus preferencias románticas, tus dones innatos y la forma en que vives tu vida. Esta es la razón por la que numerosos horóscopos se centran exclusivamente en este signo que define tu personalidad esencial y resulta primordial para comprender tu identidad. Puede que no sea el único aspecto importante de tu carta, pero no hay duda de que constituye un auténtico pilar de tu yo astrológico.

El signo y la casa en los que se ubica tu Sol en la carta natal te ayudan a comprender dónde brillas sin esfuerzo. Estas posiciones también te impulsan a abrazar tus dones y talentos más profundos, de forma que puedas compartirlos con el mundo.

ARIES ♈

**21 DE MARZO -
19 DE ABRIL**

PALABRAS CLAVE

Líder, iniciador, pionero.

**MANTRA DEL PERÍODO
DE ARIES**

Simplemente hazlo.

Aries es el primer signo del zodíaco y, por tanto, el regente natural de la casa I. Se trata de un signo cardinal de fuego regido por Marte, el mítico dios de la guerra. Su símbolo es el carnero, y su color, el rojo. Estos símbolos ofrecen pistas que permiten comprender el significado y la energía de Aries. Los signos cardinales están relacionados con los inicios; el elemento fuego y el color rojo representan la pasión en estado puro, y la primera posición indica un tipo específico de poder. Estos son los rasgos distintivos de Aries.

Tu signo solar en Aries te confiere un impulso y una energía inmensos para iniciar relaciones, probar cosas nuevas y forjar nuevos caminos. Estás aquí para llevar a los demás a donde nadie ha llegado antes. Es posible que tengas mal genio o discutas fácilmente. Tal vez la gente te vea como una persona temeraria o dispuesta a lanzarse a la aventura, pero esto se debe a que no comprenden tu instinto innato, que te indica que eso es lo que debes hacer.

¿Has notado cómo el mundo retorna a la vida hacia finales de marzo y principios de abril? En esa época del año se reanudan las clases en los colegios, el tiempo se torna más cálido, la energía regresa de forma milagrosa y te sientes entusiasmado con la primavera.

Durante la época del año en que el Sol transita por Aries, el mundo y toda la humanidad reciben una fuerte dosis de la fogosa energía de Marte. Este es el tiempo en que tu esencia de Aries se renueva anualmente y sintonizas con la forma más pura de tu poder personal. Se trata del momento perfecto para iniciar proyectos, llevar a la acción ideas que han estado en fase de planificación, experimentar con nuevas rutinas físicas, salir con gente distinta o unirte a nuevos grupos.

El período de Aries te invita a experimentar nuevos comienzos que te harán ilusionarte con tu vida de maneras novedosas.

Todo sobre Aries

Rellena la siguiente tabla basándote en todo lo que has aprendido sobre Aries. Este ejercicio te ayudará a conectar con la esencia de Aries y a comprender su importante correlación con la casa I.

NÚMERO DE CASA EN EL ZODÍACO	SÍMBOLO	FECHAS	
		PLANETA REGENTE	
FORTALEZAS		DEBILIDADES	
DUALIDAD		ELEMENTO	COLOR
MODALIDAD			

TAURO ♉

**20 DE ABRIL -
20 DE MAYO**

PALABRAS CLAVE

Posesivo, tradicional,
sensual.

**MANTRA DEL PERÍODO
DE TAURO**

Ve hacia aquello con lo que
te sientas bien.

Tauro es el segundo signo del zodíaco y, por tanto, el regente natural de la casa II. Se trata de un signo fijo de tierra regido por Venus, diosa mítica del amor y la belleza. Su símbolo es el toro, y su color, el verde. Estos símbolos te ofrecerán pistas sobre la naturaleza obstinada y sensual de Tauro. Los signos fijos son conocidos por su tozudez: un toro puede llegar a enfadarse cuando es empujado hacia un cambio no deseado. Sin embargo, la hermosa Venus garantiza el refinamiento del Sol de Tauro, convirtiéndolo en el máximo buscador de la belleza y el placer sin mala voluntad ni segundas intenciones.

Tu Sol en Tauro te pide que mantengas tus fuertes ideales y te deleites con tu sentido de la belleza. Estos rasgos se revelan en el buen gusto en la comida y la bebida, los muebles refinados y la creación de una sensación de comodidad que te permita escapar de lo que está fuera de tu control. Puede que los demás te encuentren seductor, pero a ti te cuesta comprometerte. Esto no se debe a que tengas miedo al compromiso, sino a que no sientes ninguna prisa. Eres paciente con el proceso y no tomas decisiones precipitadas.

El tránsito anual del Sol a través de Tauro se produce en plena primavera, cuando las flores brotan, el romanticismo se respira en el aire y todo el mundo se siente más permisivo. Es la época en la que los niños tienen vacaciones de primavera, nadie tiene ganas de trabajar y se busca el ocio y el descanso. La colectividad está experimentando una dosis de energía gratificante de Venus, y tu Sol de Tauro está recibiendo su reseteo anual. Es el momento perfecto del año para descansar del ritmo frenético del período de Aries y pararte a oler las rosas. Céntrate en tu cuerpo, suministrándole alimentos nutritivos, priorizando el deleite como una forma de autocuidado y disfrutando de la naturaleza.

Todo sobre Tauro

Rellena la siguiente tabla basándote en todo lo que has aprendido sobre Tauro. Este ejercicio te ayudará a conectar con la esencia de Tauro y a comprender su importante correlación con la casa II.

NÚMERO DE CASA EN EL ZODÍACO	SÍMBOLO	FECHAS	
		PLANETA REGENTE	
FORTALEZAS		DEBILIDADES	
DUALIDAD		ELEMENTO	COLOR
MODALIDAD			

GÉMINIS ♊

PALABRAS CLAVE

Comunicador, adaptable, ingenioso.

MANTRA DEL PERÍODO DE GÉMINIS

El entusiasmo y la curiosidad son las fuerzas motrices.

Géminis es el tercer signo del zodíaco y, por tanto, el regente natural de la casa III. Se trata de un signo mutable de aire regido por Mercurio, el mítico mensajero de los dioses. Su símbolo son los gemelos, y su color, el amarillo. Estos símbolos ofrecen pistas que permiten comprender el significado y la energía de Géminis. Los signos mutables son conocidos por cambiar a lo largo de la vida y enseñar a los demás a hacer lo mismo. La metáfora de los gemelos alude a la capacidad de Géminis de navegar por la dualidad y ver múltiples perspectivas, mientras que el amarillo se asocia con la alegría y el amor. Estos son rasgos fundamentales de Géminis, y tu Sol en este signo te otorga los dones de un intelecto agudo con una mente curiosa sedienta de conocimiento. Puede que los demás te encuentren contradictorio, pero esto se debe a que pocas personas tienen tu capacidad para aceptar paradojas y hacer malabarismos con múltiples puntos de vista.

Durante la época del año en que el Sol hace su retorno anual por el jovial signo de Géminis, el ritmo de la vida parece moverse a la velocidad del rayo. Las agendas sociales están repletas, la bandeja de entrada se llena de correos y puede que te cueste concentrarte en el trabajo cuando lo único que quieres es salir a disfrutar. Es en esta etapa cuando el poderoso Mercurio está infundiendo sus poderes de comunicación entusiasta en la colectividad, al tiempo que recarga tus baterías energéticas, preparándote para un nuevo año de exploración y descubrimiento. Es el momento perfecto para relacionarte con los demás, hacer vida social, llevar un diario de pensamientos, escribir ese libro que tienes en mente y participar en la vida de tu comunidad.

Todo sobre Géminis

Rellena la siguiente tabla basándote en todo lo que has aprendido sobre Géminis. Este ejercicio te ayudará a conectar con la esencia de Géminis y a comprender su importante correlación con la casa III.

NÚMERO DE CASA EN EL ZODÍACO	SÍMBOLO	FECHAS
		PLANETA REGENTE
FORTALEZAS		DEBILIDADES
DUALIDAD	ELEMENTO	COLOR
MODALIDAD		

CÁNCER ♋

Cáncer es el cuarto signo del zodíaco y, por tanto, el regente natural de la casa IV. Se trata de un signo cardinal de agua regido por la Luna, la figura mítica de la madre nutricia. Su símbolo es el cangrejo, y sus colores, el blanco o el plateado. Estos símbolos ofrecen pistas que permiten comprender el significado y la energía de Cáncer. Como he mencionado antes, la energía cardinal está relacionada con el inicio de la acción, y aunque el sensible cangrejo se mueve más hacia los lados que hacia delante, mostrándose precavido ante los depredadores, también planea cuidadosamente sus movimientos con antelación.

La Luna está asociada a las emociones y la intuición, y este es uno de los mayores dones de tu Sol en Cáncer. Tu fuerte intuición y gama de emociones pueden resultar desagradables para quienes no tienen tanto contacto con sus propias emociones. Pero no dejes que nadie te diga que eres demasiado emotivo. Es posible que los demás no comprendan tu conexión con las energías psíquicas sutiles, unas ondas solamente perceptibles por alguien con tu profundidad de sentimientos.

¿Recuerdas la nostalgia que te embargaba al final de cada curso escolar? ¿Y cómo firmabas los anuarios escolares y te juntabas con otros compañeros de clase para rememorar lo vivido antes de las vacaciones de verano? Esta es la energía del período de Cáncer; cuando el Sol hace su viaje anual a través del signo de la introspección emocional, la colectividad se percata de ello. Nos damos cuenta de que ya hemos pasado la mitad del año y es hora de reflexionar acerca de lo lejos que hemos llegado. Este es el momento en que tu Sol (y el de todos) recibe una megadosis del reflejo plateado de la Luna, dando paso a una fase de instrospección y conexión con la intuición.

Todo sobre Cáncer

Rellena la siguiente tabla basándote en todo lo que has aprendido sobre Cáncer. Este ejercicio te ayudará a conectar con la esencia de Cáncer y a comprender su importante correlación con la casa IV.

NÚMERO DE CASA EN EL ZODÍACO	SÍMBOLO	FECHAS	
		PLANETA REGENTE	
FORTALEZAS		**DEBILIDADES**	
DUALIDAD		**ELEMENTO**	**COLOR**
MODALIDAD			

LEO ♌

PALABRAS CLAVE

Leal, expresivo, orgulloso.

MANTRA DEL PERÍODO DE LEO

Brilla siendo tú mismo.

Leo es el quinto signo del zodíaco y, por tanto, el regente natural de la casa V. Se trata de un signo fijo de fuego regido por el Sol, el centro luminoso de nuestro sistema solar. Su símbolo es el león, y sus colores, el dorado y naranja. Estos símbolos ofrecen pistas que permiten comprender el significado y la energía de Leo. Como otros signos fijos, Leo es orgulloso y obstinado, pero generoso y radiante como su planeta regente, el Sol. Por desgracia, Leo puede olvidar a veces que no es el centro del universo, que el león es un líder valiente que tiene en cuenta el bienestar de los demás a la hora de tomar decisiones, en lugar de pensar solamente en sí mismo. El oro es el color de la realeza y se asocia con el lujo: al tener el Sol en Leo, te encanta todo lo bueno de la vida. Estás aquí para experimentarlo, ¡así que no te contengas! Aunque los demás no vean con buenos ojos la confianza que tienes en ti mismo, nunca debes atenuar tu luz para complacer a otros.

La energía de Leo es audaz, dramática y desea reconocimiento. No importa en qué parte del mundo te encuentres; cuando el Sol se desplaza a su signo favorito, el espíritu de la autoexpresión entusiasta se vuelve contagioso y todos recibimos una dosis saludable, instándonos a ser juguetones, creativos y a expresar nuestra individualidad. Permítete brillar durante este tiempo en el que estás recibiendo una recarga cósmica de fuerzas solares que te sostendrán a lo largo del próximo año.

Todo sobre Leo

Rellena la siguiente tabla basándote en todo lo que has aprendido sobre Leo. Este ejercicio te ayudará a conectar con la esencia de Leo y a comprender su importante correlación con la casa V.

NÚMERO DE CASA EN EL ZODÍACO	SÍMBOLO	FECHAS	
		PLANETA REGENTE	
FORTALEZAS		DEBILIDADES	
DUALIDAD		ELEMENTO	COLOR
MODALIDAD			

VIRGO ♍

PALABRAS CLAVE

Organizado, analítico, servicial.

MANTRA DEL PERÍODO DE VIRGO

La conexión mente-cuerpo allana el camino hacia el éxito.

Virgo es el sexto signo del zodíaco y, por tanto, el regente natural de la casa VI. Se trata de un signo mutable de tierra regido por Mercurio, el mítico mensajero de los dioses. Su símbolo es una doncella que sostiene un haz de espigas de trigo, y sus colores, el verde y el marrón. Estos símbolos ofrecen pistas que permiten comprender el significado y la energía de Virgo. La doncella recuerda la pureza de Virgo y el trigo es su conexión con la tierra y el trabajo arduo, mientras que los colores verde y marrón se hacen eco de la relación con el elemento tierra y la naturaleza. Los signos mutables son conocidos por evolucionar y enseñarnos a crecer y cambiar con el tiempo. Las personas con el Sol en Virgo están bendecidas con la capacidad de adaptarse y avanzar gracias a sus fuertes vínculos tanto con la esfera terrenal como con sus propios cuerpos físicos. Los virgo son perfeccionistas legendarios, y a los demás puede parecerles que tu mente mercurial tiene tendencia a quedarse atrapada en los detalles, impidiéndote avanzar y ver el panorama general. Sin embargo, esta capacidad de captar los pormenores y esforzarte por alcanzar la perfección es la forma en que evolucionas y muestras a los otros cómo tener paciencia y tomarse su tiempo en cada tarea.

¿Recuerdas cuando los últimos días de las vacaciones escolares llegaban a su fin y te sentías emocionadísimo con las compras para la vuelta al cole de nuevos cuadernos y carpetas, la recopilación de material y la organización? Esta es la energía más importante del período de Virgo. Solo las tendencias perfeccionistas terrenales de Virgo pueden sacar a los niños de la piscina y entusiasmarlos con la perspectiva de retomar el estudio. El impulso de organizar y aprender cosas nuevas atrae a la colectividad en esta época del año, sin importar la edad, mientras el Sol realiza su viaje anual a través del práctico

Virgo. Este es el momento en que recibes un impulso de enfoque y dirección beneficiosos que te ayuda a encaminarte de nuevo hacia tus objetivos.

Todo sobre Virgo

Rellena la siguiente tabla basándote en todo lo que has aprendido sobre Virgo. Este ejercicio te ayudará a conectar con la esencia de Virgo y a comprender su importante correlación con la casa VI.

NÚMERO DE CASA EN EL ZODÍACO	SÍMBOLO	FECHAS	
		PLANETA REGENTE	
FORTALEZAS		DEBILIDADES	
DUALIDAD		ELEMENTO	COLOR
MODALIDAD			

LIBRA ♎

Libra es el séptimo signo del zodíaco y, por tanto, el regente natural de la casa VII. Se trata de un signo cardinal de aire regido por Venus, la diosa mítica del amor y la belleza. Su símbolo es la balanza de la justicia, y sus colores, el rosa y el azul. Estos símbolos ofrecen pistas que permiten comprender el significado y la energía de Libra. Los signos cardinales son conocidos por iniciar; sin embargo, la balanza de Libra muestra la búsqueda constante del equilibrio, que puede conducir a una naturaleza pasivo-agresiva en lugar de adoptar un enfoque directo como otros signos cardinales. Al tener el Sol en Libra, estás regido por el gentil Venus, que te otorga mucho encanto y un suave poder de persuasión. Los demás pueden ver tu pasividad como indecisión, pero tal vez les resulte complicado comprender que sencillamente estás sopesando todas las opciones en busca del resultado más armonioso.

Cuando el Sol hace su recorrido anual por el encantador Libra, toda la colectividad experimenta un impulso de la romántica energía de Venus, a veces conocido como amor invernal. A Libra le encanta coquetear, ya que este amoroso signo de aire tiene facilidad de palabra y se deja seducir fácilmente por los refinados sentimientos ajenos. La época de Libra representa la búsqueda del equilibrio y la armonía, ya que nos comprometemos con el trabajo interior y exterior en todos los ámbitos de la vida. Mientras el Sol se encuentra en el signo de las relaciones, estás recibiendo un impulso de energía relacional que te ayudará a encontrar tu propia voz y a concretar tu lugar como individuo dentro de tus relaciones significativas.

Todo sobre Libra

Rellena la siguiente tabla basándote en todo lo que has aprendido sobre Libra. Este ejercicio te ayudará a conectar con la esencia de Libra y a comprender su importante correlación con la casa VII.

NÚMERO DE CASA EN EL ZODÍACO	SÍMBOLO	FECHAS	
		PLANETA REGENTE	
FORTALEZAS		DEBILIDADES	
DUALIDAD		ELEMENTO	COLOR
MODALIDAD			

ESCORPIO ♏

PALABRAS CLAVE

Intenso, autoprotector, decidido.

MANTRA DEL PERÍODO DE ESCORPIO

Soltar despeja el camino para nuevos comienzos.

Escorpio es el octavo signo del zodíaco y, por tanto, el regente natural de la casa VIII. Se trata de un signo fijo de agua regido clásicamente por Marte y, en tiempos más recientes, por Plutón, el mítico dios de la guerra y el señor del inframundo, respectivamente. Su símbolo es el escorpión, y sus colores, el rojo y el negro. Estos símbolos ofrecen pistas que permiten comprender el significado y la energía de Escorpio. Antes de que se descubriera Plutón, se consideraba que Escorpio estaba regido por Marte. Sin embargo, la naturaleza de Escorpio es más compleja de lo que el planeta rojo puede abarcar por sí solo. La transformadora historia del escorpión que se convierte en halcón y, más tarde, en ave fénix que resurge de sus cenizas es más acorde con tu potente energía. Puede que a los demás les parezca demasiado intenso ese constante estado de reconstrucción a través de un cambio personal profundo. Sin embargo, ahí es donde reside tu verdadero poder, en la delicada danza entre el control y la rendición. No todo el mundo está preparado para atravesar el fuego y salir transformado de la experiencia.

Cada año, cuando el Sol atraviesa las oscuras aguas de Escorpio, somos testigos del cambio del paisaje a medida que el verdor de la vegetación da paso a amarillos dorados, vibrantes tonalidades anaranjadas y rojizas y, por último, al marrón cuando los árboles se desprenden de sus cubiertas protectoras y los dejan vulnerables y expuestos. Este es el momento en que la colectividad experimenta una muda personal propia y una profunda introspección, y tú recibes una potente dosis de energía regenerativa que te ayudará a desprenderte de lo que ya no te sirve para dejar espacio a lo que vendrá el año siguiente.

Todo sobre Escorpio

Rellena la siguiente tabla basándote en todo lo que has aprendido sobre Escorpio. Este ejercicio te ayudará a conectar con la esencia de Escorpio y a comprender su importante correlación con la casa VIII.

NÚMERO DE CASA EN EL ZODÍACO	SÍMBOLO	FECHAS	
		PLANETA REGENTE	
FORTALEZAS		DEBILIDADES	
DUALIDAD		ELEMENTO	COLOR
MODALIDAD			

SAGITARIO ♐

Sagitario es el noveno signo del zodíaco y, por tanto, el regente natural de la Casa IX. Se trata de un signo mutable de fuego regido por Júpiter, el mítico rey de los dioses. Su símbolo es el arco y la flecha del arquero, y su color, el violeta. Estos símbolos ofrecen pistas que permiten comprender el significado y la energía de Sagitario, ya que la energía mutable se caracteriza por evolucionar y enseñarnos cómo crecer y cambiar. Los sagitario muestran cómo buscar la verdad lanzándose sin miedo a nuevas situaciones. Correr riesgos y tentar a la suerte te entusiasma, ¡y a menudo sales ganando! Cuando te topas con un obstáculo o un reto, lo consideras una experiencia enriquecedora de crecimiento personal en lugar de un fracaso, un optimismo que algunos pueden considerar temerario. Te muestras tranquilo ante la adversidad sin un fuerte apego emocional.

La energía distintiva del período de Sagitario es la bulliciosa temporada de fiestas navideñas, llena de reuniones familiares y frenéticas planificaciones de fin de año. ¿Alguna vez has notado que las reuniones familiares están plagadas de discusiones en esta época del año? Esta es la energía esencial de Sagitario, que no tiene miedo de decir la verdad y sacar a la luz aquello que no se ha expresado con el fin de abordarlo. La colectividad experimenta la necesidad de disfrutar de libertad de expresión y, siendo sinceros, también de un poco de drama con un ritmo trepidante. Tu entusiasmo natural recibe un impulso durante esta temporada, ofreciéndote una activación que te conducirá hacia el próximo año con la velocidad del rayo.

Todo sobre Sagitario

Rellena la siguiente tabla basándote en todo lo que has aprendido sobre Sagitario. Este ejercicio te ayudará a conectar con la esencia de Sagitario y a comprender su importante correlación con la casa IX.

NÚMERO DE CASA EN EL ZODÍACO	SÍMBOLO	FECHAS	
		PLANETA REGENTE	
FORTALEZAS		DEBILIDADES	
DUALIDAD		ELEMENTO	COLOR
MODALIDAD			

CAPRICORNIO ♑

PALABRAS CLAVE

Enfocado, entregado,
constante.

**MANTRA DEL PERÍODO
DE CAPRICORNIO**

A quienes persisten les
suceden cosas increíbles.

Capricornio es el décimo signo del zodíaco y, por tanto, el regente natural de la casa X. Se trata de un signo cardinal de tierra regido por Saturno, el mítico soberano del tiempo. Su símbolo es la cabra marina, y sus colores, el gris y el marrón. Estos símbolos ofrecen pistas que permiten comprender el significado y la energía de Capricornio. Los colores gris y marrón vinculan a este signo tanto con la tierra como con el mar, y el dominio de Saturno otorga los dones de la paciencia, la concentración, la determinación y una ambición incomparable. Los signos cardinales son iniciadores, y la cabra de mar está firmemente decidida a navegar tanto en el terreno emocional como en el material.

Aunque no te sientes cómodo expresando tus sentimientos, posees un mundo emocional rico e intenso y eres exigente con las personas a las que abres tu corazón. Los demás pueden considerarte frío u obsesionado por el trabajo; sin embargo, eres extremadamente cariñoso, generoso y entregado a las personas que te importan.

La energía de Capricornio es la fuerza motriz que impulsa a la colectividad hacia el nuevo año, y nos reconduce restableciendo el compromiso con nuestras metas personales, con una energía renovada para alcanzarlas. Cuando el Sol hace su tránsito anual por el ambicioso Capricornio, es un buen momento para adquirir nuevos hábitos, retomar tus propósitos y ponerte manos a la obra con aquello que has estado posponiendo. Estás recibiendo una megadosis del enfoque pragmático de Saturno que te impulsa a alcanzar tus objetivos más elevados. Sabes que no lo conseguirás todo en un mes, de modo que tienes una visión a largo plazo y disfrutas de cada paso.

Todo sobre Capricornio

Rellena la siguiente tabla basándote en todo lo que has aprendido sobre Capricornio. Este ejercicio te ayudará a conectar con la esencia de Capricornio y a comprender su importante correlación con la casa X.

NÚMERO DE CASA EN EL ZODÍACO	SÍMBOLO	FECHAS
		PLANETA REGENTE
FORTALEZAS		DEBILIDADES
DUALIDAD	ELEMENTO	COLOR
MODALIDAD		

ACUARIO 〰

PALABRAS CLAVE

Centrado en la amistad, innovador, rebelde.

MANTRA DEL PERÍODO DE ACUARIO

No tienes que encajar para pertenecer.

Acuario es el undécimo signo del zodíaco y, por tanto, el regente natural de la casa XI. Se trata de un signo fijo de aire regido clásicamente por Saturno y, en tiempos más recientes, por Urano, el mítico soberano del tiempo y el dios del cielo, respectivamente. Su símbolo es el aguador, y su color, el azul. Estos símbolos ofrecen pistas que permiten comprender el significado y la energía de Acuario. Antes de que se descubriera Urano, este signo estaba regido por Saturno. Sin embargo, este planeta no bastaba para contener la naturaleza errática e impredecible de Acuario. Los signos fijos son conocidos por su naturaleza terca e inamovible. Acuario puede estar muy apegado a sus opiniones e ideas y, al mismo tiempo, desvinculado del mundo físico. A los demás puede parecerles chocante o rebelde tu tendencia a ir a contracorriente; sin embargo, no todo el mundo puede abarcar tu visión o tener la misma perspectiva novedosa, al preferir las pruebas tangibles a las teorías innovadoras. Tu capacidad de concebir nuevas ideas ayuda a los demás a abandonar el camino de la resistencia y a avanzar hacia un futuro que beneficie al grupo y no solo al individuo.

El Sol realiza su tránsito anual por el innovador Acuario al comienzo de cada nuevo año y aporta nuevas ideas que irán ejecutándose durante los próximos meses. La colectividad se siente impulsada a hacer cambios, aunque sigan siendo conceptuales. Mientras el Sol esté en Acuario, aprovecha para anotar cualquier idea o nueva percepción que te surja, únete a un grupo o club, implícate en una causa social y no temas destacar expresando tus peculiaridades. Estás recibiendo una recarga cósmica en tus grupos sociales, así como en tus esperanzas y sueños para el futuro. No te cohíbas a la hora de compartir tu perspectiva única.

Todo sobre Acuario

Rellena la siguiente tabla basándote en todo lo que has aprendido sobre Acuario. Este ejercicio te ayudará a conectar con la esencia de Acuario y a comprender su importante correlación con la casa XI.

NÚMERO DE CASA EN EL ZODÍACO	SÍMBOLO	FECHAS
		PLANETA REGENTE
FORTALEZAS		DEBILIDADES
DUALIDAD	ELEMENTO	COLOR
MODALIDAD		

PISCIS ♓

PALABRAS CLAVE

Soñador, intuitivo, empático.

MANTRA DEL PERÍODO DE PISCIS

El vaso puede estar medio lleno o medio vacío. Tú eliges cómo verlo.

Piscis es el duodécimo y último signo del zodíaco, por lo que es el regente natural de la casa XII. Se trata de un signo mutable de agua regido clásicamente por Júpiter y, en tiempos más recientes, por Neptuno, el mítico dios del mar. Su símbolo son dos peces que nadan en direcciones opuestas, y su color, el verde claro. Estos símbolos ofrecen pistas que permiten comprender el significado y la energía de Piscis. Los signos mutables son conocidos por evolucionar y cambiar con el tiempo, y enseñarnos a los demás a hacer lo mismo, mientras que los peces nadando en direcciones opuestas representan un estado constante de flujo emocional, así como la profundidad de los sentimientos y la intuición. Los peces carecen de armadura protectora como los demás signos de agua, y portar sus vulnerables escamas sin artificios se presta a los inmensos sentimientos de compasión y empatía que muestran los nativos de este signo. Aunque los demás te perciban como soñador y etéreo, es posible que no comprendan tu profunda conexión con los reinos sutiles más allá de la percepción visual. Tu intuición es tu GPS interno, de modo que confía en su precisión y deja que te guíe por la vida.

Como última casa del zodíaco, la energía de Piscis se siente en paz con los finales, y la colectividad experimenta el final del invierno en el hemisferio norte durante la época del año en que el Sol está transitando por este emocional signo. Las últimas heladas que preceden al regreso de la primavera nos hacen soñar despiertos con las posibilidades mágicas que nos traerá la nueva estación. Mientras el Sol se encuentra en el sensible Piscis, es el momento ideal para atar cabos sueltos, concluir proyectos, planificar el futuro y dedicar tiempo a los gestos románticos hacia esa persona especial (y, sobre todo, hacia uno mismo).

Estás experimentando un reseteo cósmico en tu

mundo emocional y recibes una fuerte dosis del idealismo de Neptuno para el próximo año.

Todo sobre Piscis

Rellena la siguiente tabla basándote en todo lo que has aprendido sobre Piscis. Este ejercicio te ayudará a conectar con la esencia de Piscis y a comprender su importante correlación con la casa XII.

NÚMERO DE CASA EN EL ZODÍACO	SÍMBOLO	FECHAS
		PLANETA REGENTE
FORTALEZAS		DEBILIDADES
DUALIDAD	ELEMENTO	COLOR
MODALIDAD		

Trabajar con la carta natal: mi signo solar

1. Localiza el símbolo del Sol en tu carta y observa en qué casa se encuentra.

2. Tengo el Sol en el signo de .... en la casa ...., lo que significa que la parte más brillante de mi carta y mi personalidad se centra en el área vital relativa a ....

3. ¿Qué claros atributos ya posees en esa área vital como nativo del signo de .... ?

   ....

4. La modalidad de mi signo solar es ...., lo que significa ....

5. En lo que respecta a la dualidad, se trata de un signo ...., lo cual puede interpretarse como ....

6. ¿Qué características de tu signo solar o de la casa en la que se encuentra tu Sol te interesa cultivar?

   ....

   ....

7. Dedica unos momentos a comparar el elemento de tu signo y el elemento del regente natural de la casa en la que se encuentra. Por ejemplo, ¿eres un signo de fuego en una casa de tierra? ¿Cómo crees que afecta esto a tu personalidad?

REFLEXIÓN

¿Qué atributos asociados a tu signo solar coinciden con tu personalidad esencial y cuáles parecen estar fuera de lugar? Esta información te resultará útil al explorar tu signo lunar y los planetas interiores en los siguientes capítulos.

....

....

NOTAS

CUATRO

Conocer los signos lunares

AHORA YA SABES que el Sol representa la personalidad esencial en tu carta natal y puede ayudarte a clarificar lo que estás destinado a realizar en esta vida. Pues bien, la Luna, el segundo cuerpo celeste de nuestro sistema solar, es casi tan importante como el Sol en cuanto a su influencia en la carta. Al girar alrededor de la Tierra y ser el astro más cercano a nosotros, la Luna ejerce control sobre las mareas de los océanos. Sus fases cíclicas nos recuerdan nuestra conexión con el agua de nuestro cuerpo, así como los altibajos de nuestras emociones. Por ello, su papel en la carta consiste en influir en nuestro yo más íntimo, aquellos aspectos de nuestra identidad que solo mostramos a las personas con las que nos sentimos cómodos y seguros (familia, pareja y amigos íntimos).

La Luna también representa tu psique y tu naturaleza emocional. La casa y el signo en los que se encuentra te muestran lo que necesitas para sentirte emocionalmente seguro y la forma en que te calmas a ti mismo. También ofrece una visión de tu relación con tu madre (así como de tu forma de ser madre). Por otro lado, el elemento de tu signo lunar es muy importante para comprenderte a un nivel psicológico más profundo. Por ejemplo, las personas que tienen la Luna en un signo de tierra son prácticas y realistas, y necesitan estabilidad para sentirse seguras, mientras que las que la tienen en un signo de fuego se expresan con pasión y necesitan una válvula de escape para sus intensas emociones. Quienes tienen la Luna en un signo de aire necesitan comunicación y estimulación mental para sentir satisfacción emocional, y los que la tienen en un signo de agua anhelan intimidad y profundidad de sentimientos.

LUNA EN ARIES

PALABRAS CLAVE: individualista, mal genio, necesidad de libertad.

La Luna en Aries está regida por el fogoso y combativo Marte. Esta posición está ligada a una necesidad de expresión individual, lo que significa que detestas que te digan lo que tienes que hacer y dónde tienes que estar. Las personas con la Luna en Aries necesitan mucha libertad para explorar, ya que buscan emociones y aventuras. Te sientes emocionalmente seguro cuando tomas las riendas de tu mundo interior y tienes numerosas oportunidades que te permiten avanzar hacia lo que deseas. Las personas que tienen la Luna en un signo de fuego suelen ser apasionadas y muy excitables. Siendo Marte el regente de tu Luna, es posible que te muestres reactivo o tengas fama de ser una persona de mal carácter. Por fortuna, el fuego quema, pero solo temporalmente; una vez que un sentimiento fuerte ha pasado, rara vez te aferras a él. Permitirte expresar tus emociones y tomarte un tiempo para escribir un diario sobre lo que desencadena esas explosiones te ayudará a comprenderte a ti mismo más profundamente.

En tu mejor versión, eres increíblemente apasionado, seguro de ti mismo y audaz. Eres un líder natural que asume riesgos y allana el camino para que los demás salgan de su zona de confort y se lancen a la acción.

LUNA EN TAURO

PALABRAS CLAVE: autocomplaciente, de ritmo lento, sensual.

La Luna en Tauro está regida por el sensual y romántico Venus. Esta posición está ligada a una necesidad de hedonismo y sensualidad, así como de experimentar los placeres de la vida a tu propio ritmo: te encanta que los demás se adapten a tus gustos a la hora de elegir restaurantes o planificar. Las personas que tienen la Luna en Tauro necesitan sentir que controlan su entorno, por lo que optan por lugares bellos e inspiradores que les ayuden a sentirse seguros emocionalmente. En general, detestan las prisas y solo se mueven a su propio ritmo. Tauro, que es uno de los signos más lentos, disfruta teniendo todo el tiempo del mundo. Saborear cada delicioso momento te aporta una sensación de paz, aunque frustre a tus seres queridos. Siendo Venus el regente de tu Luna, puede que te encuentres obstinadamente centrado en tu propio sentido de la comodidad sin hacer concensiones a las personas de tu vida.

En tu mejor versión, eres entregado, romántico y tienes un gusto impecable, lo que te convierte en el compañero favorito para cualquier ocasión.

LUNA EN GÉMINIS

PALABRAS CLAVE: propenso a intelectualizar, hablador, inquieto.

La Luna en Géminis está regida por el agudo Mercurio. Esta posición está ligada a una necesidad de estimulación intelectual y comunicación, así como de procesar tus sentimientos mentalmente antes de sentirlos en forma de emociones. Tu mente está en constante movimiento, buscando información y respuestas, lo que puede suscitarte inquietud. Las personas que tienen la Luna en Géminis se sienten seguras cuando disponen de todos los datos y son capaces de comunicar sus experiencias verbalmente a amigos o compañeros de confianza, o bien a través de la palabra escrita mediante prácticas como llevar un diario. En general, las personas que tienen la Luna en un signo de aire gestionan su mundo emocional a través de una perspectiva intelectual, y Géminis es capaz de digerir información a un ritmo increíblemente veloz. Siendo Mercurio el regente de tu Luna, es posible que te sientas cautivado por experiencias y relaciones que te ofrezcan una variedad de nuevas informaciones que puedas devorar, si bien vuelves a sentir aburrimiento y te lanzas en busca de lo siguiente una vez que has visto todo lo que hay que ver.

En tu mejor versión, resulta divertido estar contigo, ya que eres un gran conversador siempre dispuesto a la aventura, lo que te hace popular entre tus círculos sociales.

LUNA EN CÁNCER

PALABRAS CLAVE: de humor cambiante, emocional, vocación para el cuidado.

La Luna en Cáncer está regida por la propia Luna, lo que la convierte en una de las posiciones lunares más intuitivas, protectoras y, a menudo, emocionalmente erráticas. Con la Luna en su domicilio natural, cualquier cosa que favorezca la seguridad emocional y la sensación de protección resulta esencial para tu bienestar. Sientes todo profundamente y, con esta ubicación tan empática, tienes la capacidad de sentir las emociones de los que te rodean. Esto te lleva a necesitar pasar mucho tiempo a solas para procesar tus sentimientos y liberarte de los residuos energéticos derivados de las interacciones intensas. En general, las personas que tienen la Luna en un signo de agua son increíblemente intuitivas y sensibles, ya que son capaces de percibir la energía de cualquier situación con una comprensión innata de aquello que no es explícito, incluso cuando los demás se muestran reticentes a compartir sus sentimientos. Por desgracia, las personas que tienen la Luna en Cáncer pueden interiorizar no solo sus propias emociones, sino también la energía que absorben de los demás, lo que las lleva a sentirse agobiadas cuando no se permiten liberar esas emociones hablando de sus sentimientos o incluso llorando.

En tu mejor versión, tienes habilidades psíquicas y eres compasivo y entrañable, lo que te convierte en una fuente de apoyo emocional muy solicitada.

LUNA EN LEO

PALABRAS CLAVE: dramático, carismático, en busca de atención.

La Luna en Leo está regida por el Sol, lo que proporciona a esta posición una doble dosis de iluminación. Con la luz más brillante del sistema solar gobernando la Luna, lo privado se convierte en público, ya que te sientes inclinado a compartir tus emociones y los detalles de tu vida interior. El reconocimiento y la validación de tus sentimientos y experiencias resulta fundamental para tu sensación de seguridad. En lugar de procesar tus sentimientos en tu interior, prefieres compartir tu mundo interno con los demás. En general, las personas que tienen la Luna en un signo de fuego poseen un sentido dramático de la autoexpresión, que puede incluir irascibilidad o respuestas emocionales con gran carga emocional (incluyendo la excitación y el entusiasmo). Siendo el Sol el regente de tu Luna, la autoexpresión creativa forma parte esencial de tu forma de encontrar la calma. A las personas con la Luna en Leo les encanta ser el centro de la escena en cualquier papel, exigiendo atención y reconocimiento de forma casi constante. La visibilidad es algo positivo para ti, ya que te ayuda a concebir tu paisaje emocional y a conocerte mejor a ti mismo y tus necesidades psicológicas.

En tu mejor versión, eres vivaz, carismático y expresivo, lo que te convierte en una fuerza que debe tenerse en cuenta y una inspiración para quienes te rodean.

LUNA EN VIRGO

PALABRAS CLAVE: servicial, perfeccionista, pragmático.

La Luna en Virgo está regida por el analítico Mercurio, lo que confiere a esta posición una mente inquieta. De hecho, a causa de esta inquietud, a menudo se necesita una salida física para contrarrestar la inmensa actividad mental que se experimenta. Tu Luna en Virgo está orientada al servicio y obtienes satisfacción emocional siendo útil y valioso para los demás. Al igual que la Luna de Géminis, las personas que tienen la Luna en Virgo suelen procesar sus emociones a través de una perspectiva intelectual antes de sentirlas en el cuerpo. Al ser Mercurio el regente de tu Luna, tu mente está constantemente asimilando información, escaneándola y buscando formas de optimizar tus experiencias, sobre todo cuando estas pueden beneficiar a otros. En general, las personas que tienen la Luna en un signo de tierra son razonables, prácticas y metódicas a la hora de actuar y tomar decisiones. Ponerte en situaciones de riesgo te resulta sumamente estresante y por este motivo prefieres analizar las opciones y elaborar una estrategia sensata antes de sumergirte en nuevas situaciones.

Experimentar el mundo a tu propio ritmo te aporta una sensación de control y estabilidad que te permite ir más allá de tus limitaciones, crecer y evolucionar.

En tu mejor versión, eres una persona resolutiva, solidaria y servicial, lo que te vuelve indispensable para tus seres queridos.

LUNA EN LIBRA

PALABRAS CLAVE: agradable, armonioso, centrado en las relaciones.

La Luna en Libra está regida por el encantador y romántico Venus. Esta posición está ligada a una necesidad de armonía y diplomacia en tus relaciones que te ofrezca una sensación general de seguridad y protección. Nada te estresa más que las discusiones, las groserías o los desacuerdos que no pueden resolverse fácilmente. Tu Luna en Libra hace que te atasques mientras sopesas los pros y contras de cada situación, sumiéndote en un estado de indecisión que puede resultar irritante a los demás. Sin embargo, considerar todas las posibilidades constituye en realidad una gran fuente de satisfacción emocional para ti, ya que te permite sacar provecho de tu don para el análisis. Ten paciencia contigo mismo cuando sientas que los demás te presionan para tomar una decisión y disfruta del proceso. Los signos de aire se suelen sentir estimulados por la actividad mental y la comunicación. En el fondo eres un romántico y, al ser Venus el regente de tu Luna en Libra, te encantan las palabras bonitas, ya sean en forma de prosa o poesía, las cartas de amor o una conversación interesante. Tener algo o a alguien a lo que idealizar es una parte esencial de tu paisaje interior que alimenta tu creatividad.

En tu mejor versión, eres coqueto, encantador y un amante de la belleza, lo que te convierte en una fácil elección para alguien que desee tenerte cerca.

LUNA EN ESCORPIO

PALABRAS CLAVE: reservado, intenso, secreto.

La Luna en Escorpio está regida por el agresivo Marte y el intensamente transformador Plutón. Esta posición conlleva una necesidad profunda de intimidad, privacidad y lealtad para sentirte emocionalmente seguro. La sensación de seguridad supone una lucha constante para las personas que tienen la Luna en Escorpio, ya que les cuesta confiar en los demás. Por esta razón, abrirte ante los demás y mostrar tu delicada vulnerabilidad representa un reto para ti. Cuando te atreves a hacerlo, abrirte a la posibilidad de experimentar dolor es el único camino verdadero hacia la intimidad que tanto deseas. Las personas que tienen la Luna en un signo de agua suelen ser sumamente intuitivas y pueden percibir la energía y las motivaciones subyacentes de otros, aunque por desgracia esto puede suscitar un sentimiento de desconfianza que les lleve a cerrarse emocionalmente para protegerse. Tu Luna plutoniana tiene la función de ayudarte a trascender tus emociones complejas en lugar de esconderlas. Llevar un diario o hablar con un terapeuta puede ser una forma saludable de desenterrar tus intensos sentimientos para que puedas comprenderte mejor a ti mismo mientras recorres tu complejo mundo interior.

En tu mejor versión, eres leal, intuitivo y profundamente romántico, lo que te convierte en un compañero ideal a largo plazo para aquellos que sean dignos de tu amor.

LUNA EN SAGITARIO

PALABRAS CLAVE: aventurero, amante de la libertad, optimista.

La Luna en Sagitario viene regida por el expansivo Júpiter. Esta posición está ligada a una necesidad de aventura, libertad y sed de aprendizaje. Te sientes seguro al tener la oportunidad de crecer y ampliar tu cosmovisión. Eres optimista y desenfadado, pero te tomas muy en serio tu necesidad de encontrar la verdad. Valoras la honestidad y «dices las cosas como son» sin que te afecten las reacciones que provocan tus intervenciones poco diplomáticas. En general, las personas que tienen la Luna en un signo de fuego son expresivas, apasionadas y creativas, y tu Luna en Sagitario te brinda una sensación de asombro innata por las experiencias novedosas. Te desenvuelves bien en las situaciones en las que aprendes o pruebas cosas nuevas. Tu necesidad de otras perspectivas y novedades puede hacer que comprometerte con una persona o una carrera profesional suponga un reto para ti, lo que no es algo negativo. Estás aquí para experimentar un sinfín de relaciones y estilos de vida que te permitan conocerte a ti mismo y el mundo que te rodea. Intentar forzarte a adoptar un papel o una trayectoria en particular sería perjudicial para tu desarrollo.

En tu mejor versión, eres simpático, sabio y estás lleno de energía y entusiasmo, lo que te convierte en el compañero ideal de otras personas que desean ampliar sus horizontes.

LUNA EN CAPRICORNIO

PALABRAS CLAVE: serio, práctico, productivo.

La Luna en Capricornio está regida por Saturno, el restrictivo tirano. Esta posición te confiere un carácter grave y serio que se sirve de la estructura y la autodisciplina para sentirse seguro. Esto no significa que seas una persona que solo trabaja sin divertirse, sino que valoras el cumplimiento de tus deberes antes de relajarte y disfrutar de actividades de ocio. A pesar de la naturaleza estoica de la Luna en Capricornio, en realidad eres muy sensible, aunque puedes optar por no dejar que los demás lo sepan. Recuerda que abrirte y mostrar tus emociones es una actitud saludable. Conectar con tu vulnerabilidad resulta clave para ayudarte a establecer intimidad y conexión en tus relaciones cercanas. En general, las personas que tienen la Luna en un signo de tierra son prácticas, con la cabeza bien amueblada, y no se precipitan en pasar a la acción. Tomarte el tiempo que necesites y crear una estrategia antes de actuar te ayuda a obtener una sensación de control y estabilidad que resulta esencial para tu bienestar.

En tu mejor versión, eres una persona responsable y con empuje, y representas una fuerza de apoyo para ti mismo y para quienes te rodean, lo que te convierte en una fuente de inspiración y estabilidad para las personas a quienes importas.

LUNA EN ACUARIO

PALABRAS CLAVE: desapegado, observador, independiente.

La Luna en Acuario está regida por el restrictivo Saturno y el impredecible Urano, lo que te confiere desapego emocional y una independencia que ama la libertad. Esto significa que necesitas mucho espacio para observar y asimilar el mundo que te rodea para sentirte seguro. Tu aguda capacidad de observación te permite percibir detalles en la gente que otros podrían no detectar, y te agradan los rasgos extravagantes y poco convencionales que suelen pasar desapercibidos.

En general, a las personas que tienen la Luna en un signo de aire se les da bien el intercambio de información, la comunicación y la estimulación mental, por lo que tu Luna en Acuario implica que necesitas la suficiente privacidad sin interrupciones que te permita analizar los detalles y asimilar todos los datos que recibes. Aunque te perciban como una persona fría o distante de tus emociones, se trata de tu forma de procesar tus sentimientos a través de una perspectiva intelectual. De hecho, te preocupas mucho por las personas de tu entorno y por las causas humanitarias que afectan al mundo en general.

En tu mejor versión, eres un observador inquisitivo del mundo con buen ojo para lo poco convencional, lo que te convierte en una fuerza inesperada que debe tenerse en cuenta cuando compartes tus impresiones con los demás.

LUNA EN PISCIS

PALABRAS CLAVE: sensible, intuitivo, empático.

La Luna en Piscis está regida por el espiritual y expansivo Júpiter, junto con el soñador y nebuloso Neptuno. Debido a la naturaleza intuitiva de Piscis, esta posición tiende a los sentimientos profundos y empáticos que pueden hacer que te identifiques demasiado con el sufrimiento de los demás y el dolor colectivo del planeta. Tener la Luna en Piscis te exige encontrar formas de evitar que te afecten las energías ajenas para poder utilizar tus dones intuitivos de forma productiva. Las personas que tienen la Luna en un signo de agua suelen actuar por instinto, ya que tienen habilidades psíquicas naturales que adoptan la forma de sentimientos que no pueden explicarse racionalmente. Este conocimiento interior es su guía para sentirse seguros en el mundo. Sigue a tu instinto cuando algo o alguien te parezca extraño, así como cuando te sientas seguro y cuidado. Tu Luna en Piscis te otorga sueños vívidos que puedes canalizar a través de medios como la música, el arte y la poesía, lo cual te conducirá a una plenitud emocional. En lugar de escapar de la realidad, crea la tuya propia haciendo uso de esta creatividad.

En tu mejor versión, eres amable, solícito, comprensivo y una maravillosa fuente de apoyo para los que te rodean, lo que te convierte en un amigo muy querido en momentos de necesidad.

Trabajar con la carta natal: mi signo lunar

1. Observa tu carta y localiza el glifo de la Luna: ☽

2. Tengo la Luna en ...., lo que me confiere características como ....

3. La modalidad de mi signo lunar es ...., lo que significa ....

4. En lo que respecta a la dualidad, se trata de un signo ...., lo cual puede interpretarse como ....

5. ¿En qué casa se encuentra tu signo lunar?

6. Enumera las características del regente natural de la casa en la que se encuentra tu signo lunar y compáralas con las características de tu signo lunar.

7. ¿Cómo crees que influye en tu personalidad y tu paisaje emocional tener la Luna en la casa ....?

REFLEXIÓN

Basándote en lo que has aprendido sobre tu signo lunar, ¿qué tres factores clave te ayudan a sentir seguridad emocional?

....

....

....

....

....

....

....

....

....

NOTAS

CINCO

Esclarecer los signos ascendentes

....

SEGÚN LA IMAGEN de la astrología que prevalece en la sociedad, tal vez hayas asumido que el signo solar es la pieza más importante de tu carta, lo cual es comprensible. Acabamos de ver que el signo lunar añade aún más profundidad al conjunto, y estás a punto de descubrir cómo el ascendente también ejerce un gran impacto en todas las áreas de tu vida.

El ascendente se calcula usando la hora de nacimiento para determinar qué signo estaba en el horizonte oriental en el momento exacto en que viniste al mundo. Este elemento de la carta describe la capa más externa de tu identidad: cómo te perciben los demás y la primera impresión que causas en ellos. Esto explica por qué cuando conocemos a alguien por primera vez nos presentamos con nuestro ascendente, y solo una vez que nos sentimos cómodos y seguros empezamos a mostrar el signo solar y, por último, el lunar. Por ejemplo, los ascendentes en Libra están regidos por Venus y tendrán cualidades venusinas como encanto personal, gracia y una naturaleza sensual, mientras que los ascendentes en Géminis, regidos por Mercurio, tendrán las cualidades mercuriales de la agilidad mental y la agudeza. Tu signo ascendente es un recurso natural que ayuda a tu signo solar a cumplir las tareas únicas que tienes asignadas en esta vida.

ASCENDENTE ARIES

PALABRAS CLAVE: seguro de sí mismo, entusiasta.

El ascendente Aries es el regente natural de la casa I y a su vez está regido por el fogoso y asertivo Marte. Esta posición te confiere una capacidad natural de liderazgo y un espíritu valiente e independiente que busca oportunidades que te permitan asumir riesgos y demostrar tus habilidades y capacidades. Puedes resultar intimidante a algunas personas, ya que tu planeta regente es conocido como el dios de la guerra. Siendo Marte el regente de tu carta, no rehúyes las discusiones ni los retos. Aries es un signo diurno, lo que significa que tu ascendente en Aries se expresa hacia el exterior de forma extrovertida, a diferencia de los signos nocturnos, que lo hacen de forma emocional y más introvertida. Al tener el ascendente en Aries, te gusta ser el centro de atención o, como mínimo, recibir reconocimiento por tus esfuerzos. La primera impresión que das a los demás es la de una persona segura de sí misma, asertiva y entusiasta, por lo que la gente te percibe como alguien más que capaz de realizar cualquier tarea y preparado para cualquier tipo de reto.

ASCENDENTE TAURO

PALABRAS CLAVE: relajado, confiado.

El ascendente Tauro está regido por el encantador y bello Venus. Siendo Venus el regente de tu carta, buscas relaciones armoniosas y un entorno hermoso, y estás dotado de un sentido natural de quién eres y hacia dónde te diriges. El ascendente Tauro te proporciona todas las cualidades venusinas de gracia, seguridad en ti mismo y sensualidad sin la misma terquedad que suele mostrar el Sol en este signo. Tauro se considera un signo nocturno, lo que significa que tu ascendente en Tauro se expresa de forma emocional e introvertida, a diferencia de los signos diurnos, que lo hacen hacia el exterior de forma más extrovertida. La gente te percibe relajado y cómodo en tu propia piel, emocionalmente estable y fácil de tratar. Puede que te lleve algún tiempo abrirte a los demás y dejar que te conozcan, pero una vez que sientes que una relación es sólida, eres un amigo y compañero maravilloso, fiable y con el que siempre se puede contar.

ASCENDENTE GÉMINIS

PALABRAS CLAVE: brillante, hablador.

El ascendente Géminis está regido por el hablador e inquisitivo Mercurio. El hecho de que el mensajero de los dioses sea tu planeta regente te otorga el don de la palabra y una sed de estimulación mental, además de nombrarte el relaciones públicas no oficial del zodíaco. Al ser Mercurio el regente de tu carta, la comunicación se encuentra en el centro de todo lo que haces, ayudando a tu signo solar a establecer conexiones importantes que te guíen a través de las experiencias únicas que tendrás en esta vida (que pueden incluir escribir, hablar en público o la comunicación en general). Géminis es un signo diurno, lo que significa que tu ascendente en Géminis se expresa hacia el exterior de forma extrovertida, a diferencia de los signos nocturnos, que lo hacen de forma emocional y más introvertida. La gente te percibe como una persona brillante, vivaz y con una curiosidad natural por los demás, lo que te convierte en un excelente conversador que les ayuda a sentirse a gusto cuando se expresan.

ASCENDENTE CÁNCER

PALABRAS CLAVE: vocación para el cuidado, dulce.

El ascendente Cáncer está regido por la intuitiva y bondadosa Luna. El hecho de que la Luna sea tu planeta regente te proporciona una gran inteligencia emocional que va fluctuando a medida que te entregas a tus sentimientos. Siendo la Luna la regente de tu carta, posees los dones de una fuerte intuición y una naturaleza profundamente afectuosa que ayuda a tu signo solar a guiarte a través de las experiencias únicas que vivirás durante esta vida. Cáncer es un signo nocturno, lo que significa que tu ascendente en Cáncer se expresa de forma emocional e introvertida, a diferencia de los signos diurnos, que lo hacen hacia el exterior de forma más extrovertida. La gente te percibe como una persona cariñosa, dulce y compasiva, y es posible que se apeguen a ti al buscar el consuelo de una figura maternal (con independencia de tu identidad de género). Aunque es positivo sentir que te necesitan, mantener unos límites sanos en tus relaciones permite a los que te rodean cuidar de sí mismos.

ASCENDENTE LEO

PALABRAS CLAVE: dramático, carismático.

El ascendente Leo está regido por nuestro gran Sol, lo que confiere a este signo una presencia audaz y dramática que se niega a ser ignorada. Incluso si tu signo solar o lunar es introvertido, el hecho de que el Sol sea tu planeta regente te otorga un brillo dorado que los demás no pueden dejar de percibir. Las personas que tienen el ascendente en Leo muestran una calidez natural que hace que sea divertido estar cerca de ellas, especialmente cuando iluminan a los demás con su luz, convirtiéndose en los mejores animadores que se podría pedir. Al ser el Sol el regente de tu carta, tu signo solar recibe el influjo de la luminaria más brillante de la galaxia, que brilla sobre ti mientras vives las experiencias únicas que estás destinado a tener en esta vida. Leo es un signo diurno, lo que significa que tu ascendente en Leo se expresa hacia el exterior de forma extrovertida, a diferencia de los signos nocturnos, que lo hacen de forma emocional y más introvertida. La gente te percibe como una persona solidaria y entusiasta; aportas una carga de pura energía positiva a cada encuentro.

ASCENDENTE VIRGO

PALABRAS CLAVE: inteligente, organizado.

El ascendente Virgo está regido por el inquisitivo y agudo Mercurio, lo que confiere a esta posición una curiosidad inherente y una disposición a la estimulación intelectual. Las tendencias perfeccionistas son un sello distintivo de todas las posiciones de Virgo, ya que ansías el orden y buscas las estrategias más eficientes para desarrollar y ejecutar las tareas. Al ser Mercurio tu planeta regente, lo cuestionas todo por naturaleza, incluso a ti mismo, lo que puede conducir a tendencias autocríticas. Te gusta estar al servicio de los demás y, por ser Mercurio el regente de tu carta, es probable que tengas dotes de comunicador. Este don ayudará a tu signo solar a establecer las conexiones necesarias mientras vives las experiencias únicas que estás destinado a tener en esta vida. Virgo es un signo nocturno, lo que significa que tu ascendente en Virgo se expresa de forma emocional e introvertida, a diferencia de los signos diurnos, que lo hacen hacia el exterior de forma más extrovertida. La gente te percibe como servicial, inteligente y detallista, y buscarán tu ayuda de diversas formas, lo que te proporciona una enorme sensación de satisfacción personal.

ASCENDENTE LIBRA

PALABRAS CLAVE: simpático, agradable.

El ascendente Libra está regido por el encantador y romántico Venus, lo que te confiere una personalidad atractiva, una sofisticación innata y un encanto personal. Al ser Venus tu planeta regente, sueles presentarte como una persona amable y cordial, y tratas de dar siempre lo mejor de ti mismo, esmerándote especialmente en las situaciones en las que te sientes incómodo. Tienes una tendencia natural a sintonizar con la energía de los demás y eres capaz de imitarla de una forma que hace que se sientan cómodos a tu lado. Siendo el sofisticado Venus el regente de tu carta, tus dotes estéticas y refinadas habilidades sociales ayudan a tu signo solar a guiarte a través de las relaciones y experiencias únicas que estás destinado a tener en esta vida. Libra es un signo diurno, lo que significa que tu ascendente en Libra se expresa hacia el exterior de forma extrovertida, a diferencia de los signos nocturnos, que lo hacen de forma emocional y más introvertida. La gente te percibe como una persona atractiva, sociable y accesible, lo que te ayuda a sentirte a gusto y en control de la situación cuando accedes a nuevos ambientes.

ASCENDENTE ESCORPIO

PALABRAS CLAVE: misterioso, poderoso.

El ascendente Escorpio está regido por el agresivo Marte y el poderoso Plutón, lo que confiere a esta posición una intensidad silenciosa que puede resultar intimidante y misteriosa. Tus planetas regentes te otorgan una presencia sexual magnética, incluso cuando no intentas ser abiertamente atractivo. Siendo Marte y Plutón los regentes de tu carta, tienes acceso a las energías profundamente transformadoras de Plutón junto con la iniciativa de Marte, una combinación que ayuda a tu signo solar a maximizar la increíble y única metamorfosis que debes experimentar en esta vida. Escorpio está considerado un signo nocturno, lo que significa que tu ascendente en Escorpio se expresa de forma emocional e introvertida, a diferencia de los signos diurnos, que lo hacen hacia el exterior de forma más extrovertida. La gente te percibe como una persona que no deja indiferente a nadie, ya que tu aura magnética de poder, control, rendición y renacimiento afecta a todo aquel que se cruza en tu camino. Estás aquí para ser un catalizador tanto para ti mismo como para los demás y conduces a otros hacia el cambio tan solo siendo tú mismo.

ASCENDENTE SAGITARIO

PALABRAS CLAVE: optimista, afortunado.

El ascendente Sagitario está regido por el expansivo y optimista Júpiter, que confiere a esta posición un sentido natural de asombro y entusiasmo. Estás siempre en busca de aventuras, deseoso de saborear todo lo que la vida te ofrece, y abierto a aprender sobre ti mismo y sobre el mundo que te rodea. El hecho de que Júpiter sea tu planeta regente te otorga un gran deseo de experiencias, y prefieres aprender saltando antes de mirar. Al ser Júpiter el regente de tu carta, tiendes a caer siempre de pie, absorbiendo las lecciones correspondientes mientras te desprendes fácilmente de las emociones asociadas a ellas. Esto ayuda a tu signo solar a guiarte a través de las experiencias únicas que estás destinado a tener en esta vida. Sagitario es un signo diurno, lo que significa que tu ascendente en Sagitario se expresa hacia el exterior de forma extrovertida, a diferencia de los signos nocturnos, que lo hacen de forma emocional y más introvertida. La gente te percibe como una persona optimista, simpática y afortunada. No importa lo que la vida te depare, siempre sacas lo mejor de ella y aprendes algo nuevo sobre ti mismo y sobre el mundo.

ASCENDENTE CAPRICORNIO

PALABRAS CLAVE: motivado, formal.

El ascendente Capricornio está regido por Saturno, una energía seria y orientada a las tareas que confiere a esta posición un sentido natural del deber y responsabilidad hacia los objetivos, especialmente en relación con la carrera profesional. Eres increíblemente ambicioso y no malgastas el tiempo con personas y proyectos que no apoyan tus metas de emprendimiento. Dado que Saturno es tu planeta regente, comprendes que el éxito lleva su tiempo. Valoras cada paso que te conduce a alcanzar tus metas y continúas avanzando sin vacilar. Al ser Saturno el regente de tu carta, posees la madurez necesaria para tomarte la vida en serio, incluso desde una edad temprana, lo que te lleva a sentirte responsable de los demás. Si bien esto puede parecer una carga, en realidad constituye un regalo para tu signo solar, que te ayuda a alcanzar alturas increíbles a través de las experiencias únicas que estás destinado a vivir en esta vida. Capricornio está considerado un signo nocturno, lo que significa que tu ascendente en Capricornio se expresa de forma emocional e introvertida, a diferencia de los signos diurnos, que lo hacen hacia el exterior de forma más extrovertida. La gente te percibe como una persona decidida y dueña de su destino, por lo te consideran un ejemplo y una inspiración.

ASCENDENTE ACUARIO

PALABRAS CLAVE: extravagante, preocupado por la justicia social.

El ascendente Acuario está regido tanto por el restrictivo Saturno como por el impredecible Urano, lo que confiere a esta posición una mezcla única de la rebeldía revolucionaria de Urano y la orientación hacia las tareas de Saturno, que te ayudará a ceñirte a tus planes y alcanzar tus objetivos. El hecho de que Saturno y Urano sean tus planetas regentes te hace incategorizable para los demás, y así es como te gusta que sea. Los regentes de tu carta te convierten en un catalizador natural del cambio, tanto en ti mismo como en la sociedad, al enfatizar tu visión novedosa y ser pionero en causas de justicia social. Acuario está considerado un signo diurno, lo que significa que tu ascendente en Acuario se expresa hacia el exterior de forma extrovertida, a diferencia de los signos nocturnos, que lo hacen de forma emocional y más introvertida. La gente te percibe como una persona atrevida, excéntrica y poco convencional en tus planteamientos, desde tu estilo de vida hasta tus opiniones políticas. Nunca te autocensures: debes compartir tus ideas, por muy poco ortodoxas que parezcan.

ASCENDENTE PISCIS

PALABRAS CLAVE: soñador, cautivador.

El ascendente Piscis está regido tanto por el expansivo y espiritual Júpiter como por el imaginativo y nebuloso Neptuno, lo que confiere a esta posición un aire de suave sensibilidad. Es probable que seas sumamente intuitivo y que te encuentres algo alejado del mundo físico, prefiriendo estar en comunión con el cosmos. Al ser Júpiter y Neptuno tus planetas regentes, posees el don de la pasión humanitaria, lo que te convierte en un empático cuidador natural al que le encanta ayudar a los necesitados. Tus regentes, Júpiter y Neptuno, encauzan tu capacidad intuitiva de forma que guíe a tu signo solar a través de las experiencias únicas que vivirás en esta vida. Piscis es un signo nocturno, lo que significa que tu ascendente en Piscis se expresa de forma emocional e introvertida, a diferencia de los signos diurnos, que lo hacen hacia el exterior de forma más extrovertida. La gente te percibe como una persona cautivadora y un tanto etérea, y, de este modo, se siente atraída hacia ti de forma natural. Te resulta positivo seguir tu intuición para ver a las personas y las situaciones con mayor claridad.

Trabajar con la carta natal: mi ascendente

1. Tengo el Sol en la casa .... en el grado ....
   del signo ....

2. Tengo la Luna en la casa .... en el grado ....
   del signo ....

3. Tengo el ascendente en el grado .... del signo ....
   y .... es/son el/los regente/s de mi carta.

REFLEXIÓN

Sabiendo que tu signo ascendente está regido por un planeta o planetas específicos y que estos se consideran los regentes de tu carta, ¿cómo crees que esa energía influye en cómo vives tu vida? ¿Cómo te sientes con respecto al modo en que tu signo ascendente actúa conjuntamente con tu signo solar?

....
....
....
....
....
....
....
....
....
....
....
....
....

NOTAS

SEIS

Investigar los planetas interiores

· · · · · · · · · · · · · · · · · ·

EXPLORAR TU CARTA natal es como empezar a conocer a una persona. Comienzas por la superficie, descubriendo sus rasgos y aspectos más evidentes, y poco a poco vas profundizando y reconociendo cada vez más su verdadera identidad. Aunque, en este caso concreto, estás conociéndote a ti mismo. Una vez que te has familiarizado con los tres grandes aspectos —el Sol, la Luna y el ascendente—, estás listo para ampliar información sobre el resto de los cuerpos celestes.

Ahora ya sabes que tu carta natal muestra a cada planeta en una casa y signo determinados. Los planetas más cercanos al Sol —Mercurio, Venus y Marte— se conocen como planetas interiores o personales. Se han ganado este fácil apodo por su proximidad al Sol y la velocidad a la que se desplazan a lo largo de la eclíptica. Ambos factores les confieren una gran influencia sobre tu personalidad. Dado que los planetas interiores se mueven más rápidamente por los signos del zodíaco, influyen en los elementos de tu vida cotidiana. La compatibilidad entre dos personas (romántica o de otro tipo) se determina principalmente observando estos planetas. Puesto que influyen en tus necesidades, conductas y patrones cotidianos, ofrecen pistas sobre quién se alineará y quién chocará con esa versión cotidiana de ti mismo.

Mercurio, Venus y Marte tienen cada uno su propia energía específica y contribuyen de forma fundamental a conformar quién eres y cómo interactúas con el mundo que te rodea.

MERCURIO ☿

PALABRAS CLAVE: comunicación, intelecto, información.

Mercurio se considera el primero de los planetas interiores porque es el planeta más cercano al Sol. Debido a esta proximidad solar, es el planeta que tiene la órbita más pequeña y el que viaja más rápido. Mercurio es conocido como «azogue», Hermes y el mensajero de los dioses de pies alados, por lo que tiene mucho sentido que se mueva con tanta rapidez, cambiando de signo aproximadamente cada 13-14 días. La excepción a esta regla son los períodos retrógrados trimestrales, que tienen una duración de unas tres semanas y media, en los que Mercurio parece retroceder.

Dado que Mercurio viaja tan cerca del Sol, notarás que tu signo de Mercurio puede ser el mismo que tu signo solar o estar a uno o dos signos de distancia.

Mercurio refleja la forma en que nos comunicamos y procesamos la información, así como la manera en que formamos nuestras ideas y nuestra perspectiva mental general. Presta atención a tu signo de Mercurio y a la casa en la que se ubica para saber cómo asimilas y expresas la información y las ideas, el tipo de estudiante que eres o fuiste y lo que estás destinado a compartir con los demás en esta vida.

MERCURIO EN ARIES

PALABRAS CLAVE: precipitado, pionero.

Mercurio en Aries es un verdadero iniciador de ideas. Esta posición de Mercurio está regida por el fogoso Marte, lo que te confiere un intelecto acelerado que te hace ser el primero en expresar tus pensamientos y opiniones, y pasar a la acción para ejecutarlos. Te expresas de forma abierta y directa diciendo siempre lo que piensas. Aunque puedes parecer impulsivo o impetuoso, la gente aprecia saber siempre a qué atenerse contigo.

MERCURIO EN TAURO

PALABRAS CLAVE: práctico, refinado.

Mercurio en Tauro tiene una mente tranquila y estable. Esta posición de Mercurio está regida por el hermoso Venus, que te aporta la paciencia necesaria para tomar decisiones sin sentirte apresurado, estresado o ansioso, algo que pueden experimentar otros signos de Mercurio. Te expresas de forma segura, práctica y elegante, mientras que tu conexión con el elemento tierra te ayuda a enraizar tus ideas de modo que puedas hacerlas realidad fácilmente.

MERCURIO EN GÉMINIS

PALABRAS CLAVE: hablador, curioso.

Mercurio se encuentra en su hogar en Géminis, ya que este signo está regido por Mercurio. Esta posición te proporciona un intelecto agudo, perspicacia y la capacidad de asimilar información a la velocidad del rayo. Es posible que experimentes pensamientos ansiosos, ya que tu mente está en constante ebullición, por lo que puede resultarte útil escribir, llevar un diario o comentar tus ideas con otras personas. Te expresas con entusiasmo y experimentas el mundo con una curiosidad inagotable. Quieres saberlo todo sobre todo y sobre todos.

MERCURIO EN CÁNCER

PALABRAS CLAVE: intuitivo, sentimental.

Mercurio en Cáncer confiere profundidad emocional a tus ideas y un hondo sentimiento a las palabras que pronuncias. Esta posición de Mercurio está regida por la Luna y te ofrece capacidades mentales increíblemente intuitivas, permitiéndote sentir la información que recibes del mundo que te rodea. Te expresas de forma cálida y afectuosa. Sin miedo a abordar temas de conversación espinosos, prefieres las conversaciones interesantes que te conectan con los demás a las interacciones superficiales.

MERCURIO EN LEO

PALABRAS CLAVE: audaz, visionario.

A Mercurio en Leo le encantan las ideas grandes y emocionantes. Regida por el Sol, esta posición de Mercurio puede llevarte a albergar sueños más ambiciosos que a la mayoría de las personas, aunque una visión tan amplia puede hacer que te saltes o se te escapen detalles importantes. Comunicas tus ideas visionarias con tanta audacia que acabas consiguiendo que casi todo el mundo se sume a tus objetivos. Márcate el reto de escuchar también las ideas y opiniones ajenas, especialmente cuando difieran de las tuyas.

MERCURIO EN VIRGO

PALABRAS CLAVE: centrado, orientado a los detalles.

Mercurio en Virgo te otorga una increíble concentración y atención al detalle. Mercurio se encuentra en su hogar y te ofrece la energía más potente de este planeta en todas las formas de comunicación. Tu mente es uno de tus mayores recursos, ya que puedes comprender y asimilar información a un ritmo sorprendentemente rápido. También te beneficias de la terrenalidad de Virgo, que aporta pragmatismo y fundamento a tu aguda mente.

MERCURIO EN LIBRA

PALABRAS CLAVE: encantador, diplomático.

Cuando Mercurio se encuentra en el encantador y educado Libra, le encanta charlar y conectar con los demás. Esta posición está regida por el bello Venus, que te colma de elocuencia y de gestos atrayentes que te hacen muy popular en tus círculos sociales. Eres capaz de llevarte bien con casi todo el mundo y eres un experto en suavizar situaciones difíciles, ya que ayudas a tomar conciencia de los dos lados de la conversación. Es posible que poseas un talento innato para la escritura, la oratoria, el canto o la poesía.

MERCURIO EN ESCORPIO

PALABRAS CLAVE: reservado, investigador.

Mercurio en el misterioso Escorpio es el mejor guardián de secretos. Regida clásicamente por Marte y, en tiempos más recientes, por Plutón, esta posición te proporciona una profunda mente calculadora. Tu intuición, junto con tu deseo de descubrir verdades ocultas, te convierte en un investigador de talento en cualquier asunto que elijas, especialmente en los temas tabúes o relacionados con el ocultismo. Valoras la honestidad, buscas la intimidad y la conexión en tus comunicaciones, y nunca rehúyes las conversaciones profundas.

MERCURIO EN SAGITARIO

PALABRAS CLAVE: amplitud de miras, curiosidad.

Mercurio en el aventurero Sagitario es un curioso explorador de emociones en busca de nuevos horizontes. Esta posición de Mercurio está regida por el expansivo Júpiter, que te proporciona un amor universal por el conocimiento y el aprendizaje. Puede interesarte la espiritualidad y las culturas del mundo, especialmente las que son diferentes de la educación que recibiste. El sentido de la vida te apasiona, y la búsqueda de tu verdad es una aventura permanente para ti. Te resulta beneficioso mantener una actitud abierta ante las ideas que discrepen de tu filosofía personal.

MERCURIO EN CAPRICORNIO

PALABRAS CLAVE: práctico, fiable.

Mercurio en el estoico Capricornio te dota de fiabilidad para cumplir tu palabra, permitiendo que los demás confíen en ti plenamente. Esta posición está regida por Saturno, una energía orientada a las tareas, lo que aporta el componente del trabajo duro y la seriedad a tus procesos mentales y a la comunicación con los demás. Asumir riesgos calculados suele resultar rentable para ti, debido a la cuidadosa consideración que prestas antes de actuar. Puede que no seas demasiado sentimental al expresarte, pero los demás aprecian tu enfoque honesto y directo.

MERCURIO EN ACUARIO

PALABRAS CLAVE: observador, a contracorriente.

Mercurio en el rebelde Acuario prefiere el discurso progresista en lo relativo a la comunicación. Esta posición, regida clásicamente por Saturno y, en tiempos más recientes, por Urano, te confiere una mezcla única de responsabilidad social y de una imprevisibilidad que resulta a veces chocante. Eres inteligente y agudo mentalmente, con una tendencia a adoptar un enfoque lógico en tu pensamiento progresista que resulta provocador para los demás, por lo que no es posible encasillarte o etiquetarte.

MERCURIO EN PISCIS

PALABRAS CLAVE: intuitivo, imaginativo.

Mercurio en el etéreo Piscis desafía la lógica, tendiendo hacia la comunicación no verbal y las impresiones psíquicas más que hacia las verdades objetivas. Aunque Mercurio domina la comunicación, las ideas y el pensamiento, esta posición, regida clásicamente por Júpiter y, en tiempos más recientes, por Neptuno, está conectada con el reino del subconsciente, lo que te permite percibir los pensamientos a través de los sentimientos. Tener a Mercurio en Piscis te dota de una profunda creatividad que te facilita expresarte a través del arte, la poesía y la música mientras canalizas inspiración de las esferas superiores.

Trabajar con la carta natal: mi Mercurio

1. ¿En qué signo está Mercurio en tu carta?

   ....

2. ¿En qué casa se encuentra y qué signo del zodíaco es el regente natural de esa casa?

   ....

3. Compara las palabras clave de tu signo de Mercurio con las del regente natural de esa casa (página 26). ¿Qué información te aporta?

   ....

   ....

   ....

   ....

   ....

REFLEXIÓN

¿Cómo crees que influye la posición de Mercurio en tu carta en tu forma de comunicarte?

¿Cómo puedes aplicar la sabiduría de esa posición de Mercurio a tu forma de transmitir y recibir información?

....

....

....

....

VENUS ♀

PALABRAS CLAVE: amor, belleza, valor.

Venus es el segundo de los planetas interiores, ya que es el siguiente más cercano al Sol. El tamaño de su órbita es ligeramente mayor que la de Mercurio, lo que lo convierte en el segundo planeta que más rápido se desplaza, tardando aproximadamente entre dos y tres semanas en recorrer cada signo. Venus experimenta un período retrógrado cada dieciocho meses, en el que permanece en un signo concreto hasta cinco meses, pidiéndonos que reevaluemos nuestras finanzas y relaciones.

Venus es el planeta arquetípico del amor, la belleza, el arte y el dinero, que rige nuestras relaciones, el modo en que interactuamos y todo aquello que amamos y valoramos. Tu signo de Venus y la casa en la que se encuentra te revelarán qué es lo que te atrae de los demás, así como qué agrada de ti a otras personas. Esto te ayudará a comprender tus necesidades básicas en lo que respecta a las relaciones amorosas.

Tu signo de Venus también te ofrecerá información sobre tu forma de obtener dinero, tus dotes artísticas y dónde brilla la abundancia en tu carta. ¡Estoy deseando que lo descubras!

VENUS EN ARIES

PALABRAS CLAVE: el amante y el luchador.

Venus en el pasional Aries arde con fuerza en lo que respecta a las aventuras amorosas y las relaciones. Esta posición está regida por el enérgico Marte, que te aporta la energía para perseguir el placer con vehemencia. Nunca dudas a la hora de iniciar la búsqueda de amor o dinero, lo que hace que seas increíblemente persistente cuando tratas de alcanzar un objetivo. A menudo es la propia emoción de la búsqueda lo que te estimula, y puedes cambiar de rumbo una vez que has conseguido el objeto de deseo. Accedes a la abundancia tomando la iniciativa y persiguiendo lo que deseas.

VENUS EN TAURO

PALABRAS CLAVE: lenta y sensualmente constante.

Venus en el pausado y romántico Tauro valora el lujo tanto como la estabilidad en lo que respecta a las aventuras amorosas y las relaciones. Venus se encuentra en su hogar, por lo que se siente cómodo en este signo, deleitándose con todos los placeres terrenales. Eres refinado y romántico por naturaleza, y conformarte no es tu estilo. Tienes una paciencia infinita tanto en el amor como en el dinero. La espera merece la pena y sabes muy bien por qué cosas conviene esperar. Cuando te comprometes, lo haces a largo plazo. Accedes a la abundancia a través de un enfoque metódico hacia la opulencia.

VENUS EN GÉMINIS

PALABRAS CLAVE: coqueto y divertido.

Venus en el amante de la diversión y coqueto Géminis es ingenioso y curioso por naturaleza. Esta posición está regida por el inteligente Mercurio, por lo que la estimulación intelectual es imprescindible en lo que se refiere a las aventuras amorosas y las relaciones. Eres un conversador excepcional y necesitas disfrutar de una magnífica comunicación en tus relaciones, ya que una vez que has satisfecho tu curiosidad sueles perder el interés y pasar a otra cosa. Accedes a la abundancia convirtiendo tus ideas en realidad; la fijación de propósitos es una práctica poderosa para ti.

VENUS EN CÁNCER

PALABRAS CLAVE: sensible y sentimental.

Venus en el emocional Cáncer es acogedor y afectuoso en lo relativo a las aventuras amorosas y las relaciones. Esta posición está regida por la Luna, lo que hace que la inteligencia emocional sea tu mayor fortaleza en lo que concierne al amor, el dinero y lo que deseas a cambio. Eres tierno, afectuoso y aprecias los momentos emotivos. A veces te tomas las cosas de forma personal y se hieren tus sentimientos a causa de tu sensibilidad. Ten presente que expresar cómo te sientes te ayuda a procesar tus emociones. Accedes a la abundancia abrazando tu gran abanico de emociones y confiando en tus instintos.

VENUS EN LEO

PALABRAS CLAVE: opulento y afectuoso.

Venus en el regio Leo adora los grandes gestos y las muestras pomposas de adoración en lo relativo a las aventuras amorosas y las relaciones. Esta posición está regida por el Sol, y al igual que la luminaria más brillante de la galaxia, tus expresiones de amor y tu relación con el dinero son extensas y audaces, ¡incluidos tus hábitos de gasto! Lo grande es siempre lo preferido para Venus en Leo, incluyendo a veces el drama que puedas provocar en torno a tus relaciones y finanzas. A pesar del espectáculo ocasional, amas el concepto puro y verdadero del amor, y eso se nota. Accedes a la abundancia mediante la expresión de tu alegría y entusiasmo, sobre todo cuando elevas el ánimo de quienes te rodean.

VENUS EN VIRGO

PALABRAS CLAVE: perfeccionista solícito.

Venus en el analítico Virgo tiene tendencia a criticar a los otros tanto como a sí mismo en lo que respecta a las aventuras amorosas y las relaciones. Esta posición está regida por el intelectual Mercurio, que mantiene tu cerebro zumbando con nuevas formas de mejorar tu existencia con relación al amor y el dinero, ya que ser indispensable es algo que te estimula. Tu salud es importante para ti, y te encanta cuidar de todo, desde tu cuerpo hasta las plantas, actividades que te ayudan a arraigar tus pensamientos y a conectarte con el momento presente. Accedes a la abundancia permitiéndote recibir tanto como das.

VENUS EN LIBRA

PALABRAS CLAVE: estéticamente agradable y coqueto.

Venus se encuentra en su hogar en el encantador Libra, donde lograr la armonía y el equilibrio resulta fundamental en lo relativo a las aventuras amorosas y las relaciones. Regida por Venus, a esta posición de Libra le encanta rodearse de belleza. Desde tu pareja y su forma de vestir hasta la decoración de tu hogar y el entorno, la estética lo es todo. A pesar de tu naturaleza seductora, disfrutas formando parte de una pareja, especialmente cuando se basa en el lujo y la cooperación. Tu único defecto puede ser la indecisión ocasional, ya que sueles intentar complacer a todo el mundo. Accedes a la abundancia a través de tu buen ojo para la belleza y la capacidad de resultar simpático en cualquier situación.

VENUS EN ESCORPIO

PALABRAS CLAVE: apasionado e intenso.

Venus en el obsesivo Escorpio constituye un atrayente recorrido por las misteriosas profundidades del océano en lo que respecta a las aventuras amorosas y las relaciones. Esta posición, regida clásicamente por Marte y, en tiempos más recientes, por Plutón, te aporta una intensidad que requiere lealtad y pasión en lo que concierne al amor y el dinero. Los encuentros casuales no son tu estilo. Eres intuitivo y sensible, y te esfuerzas por proteger tu corazón, lo que significa que puedes enamorarte rápidamente y luego poner a prueba a tus amantes para asegurarte de que son dignos de tu poderoso amor. Accedes a la abundancia a través de tu magnetismo natural y tu voluntad de entrega y transformación.

VENUS EN SAGITARIO

PALABRAS CLAVE: entusiasta y aventurero.

A Venus en Sagitario, un signo amante de la libertad, no le gustan las ataduras. Esta posición está regida por el expansivo Júpiter, lo que te proporciona una insaciable ansia de exploración en lo que se refiere a las aventuras amorosas y las relaciones. Esto no significa que no seas capaz de comprometerte, solo que anhelas la emoción y la aventura en asuntos de amor y dinero. Las relaciones que apoyan el crecimiento y el aprendizaje mantendrán tu interés, ya que te será posible expresar tu necesidad de conocer nuevos horizontes. Accedes a la abundancia a través de la búsqueda entusiasta de la aventura y recorriendo tu camino personal hacia la verdad.

VENUS EN CAPRICORNIO

PALABRAS CLAVE: coherente y comprometido.

Venus en el trabajador Capricornio se compromete a construir cimientos sólidos en lo que se refiere a las aventuras amorosas y las relaciones. Esta posición está regida por el restrictivo Saturno, lo que te aporta un enfoque lento y cauteloso hacia el amor y el dinero. Deseas una pareja que se tome en serio sus propias metas y ambiciones, y que a su vez apoye las tuyas. Los encuentros casuales no son su estilo; tú necesitas estabilidad y no pierdes el tiempo en relaciones poco serias o indecisas. Accedes a la abundancia a través de la determinación y la perseverancia para alcanzar tus objetivos a largo plazo.

VENUS EN ACUARIO

PALABRAS CLAVE: independiente y extravagante.

Venus en Acuario es una persona auténtica que rompe moldes en las aventuras amorosas y las relaciones. Esta posición, regida clásicamente por Saturno y, en tiempos más recientes, por Urano, te hace impredecible e independiente en cuestiones de amor y dinero. Valoras la estimulación mental y la individualidad en los demás, y aprecias a quienes comprenden tu visión novedosa y tus cualidades únicas. Es posible que des más importancia a la amistad que a las relaciones románticas y que exijas libertad a tus parejas de vez en cuando. Accedes a la abundancia a través de tu individualidad y compartiendo tus ideas innovadoras.

VENUS EN PISCIS

PALABRAS CLAVE: romántico y generoso.

Venus en el abnegado Piscis ama el concepto mismo del amor. Esta posición, regida clásicamente por Júpiter y, en tiempos más recientes, por Neptuno, te ofrece todos los dones nebulosos y expansivos de las aventuras amorosas de ensueño y las relaciones idealizadas. Eres capaz de ver la belleza en todo y en todos, convirtiendo tu visión en expresión artística en lo relativo al amor y el dinero. Tu intuición, compasión y cualidad etérea en general atraen a los demás con facilidad, si bien pueden hacer que te muestres emocionalmente vulnerable cuando esas peronas no son tan abiertas ni honestas como tú. Accedes a la abundancia a través de tus sentidos psíquicos y tus sueños.

Trabajar con la carta natal: mi Venus

1. ¿En qué signo está Venus en tu carta?

   ....

2. ¿En qué casa se encuentra y qué signo del zodíaco es el regente natural de esa casa?

   ....

3. Compara las palabras clave de tu signo de Venus con las del regente natural de esa casa (página 26). ¿Qué información te aporta?

   ....

   ....

   ....

   ....

REFLEXIÓN

¿Cómo crees que influye la posición de Venus en tu carta en tu forma de abordar el amor y las relaciones? ¿Cómo puedes distinguir entre tus valores personales y lo que valoras en los demás en función de tu signo de Venus?

....

....

....

....

MARTE ♂

PALABRAS CLAVE: acción, impulso, deseo.

Marte es el tercero y último de los planetas interiores. Su órbita es mayor que la de Mercurio y Venus debido a su distancia respecto al Sol, lo que lo convierte en el tercer planeta que más rápido se desplaza, tardando alrededor de dos meses en recorrer cada signo. Marte experimenta un período retrógrado cada dos años. Durante esa fase, permanecerá en un signo concreto hasta siete meses, pidiéndonos, tanto de forma colectiva como personal, que reevaluemos nuestra forma de actuar y de expresar la rabia, y observemos dónde necesitamos corregir el rumbo.

Marte es el planeta arquetípico de la guerra, la agresividad, la acción y la pasión animal pura que rige la ira, el impulso sexual, cómo discutimos y cómo actuamos en el mundo. Tu signo de Marte y la casa en la que se encuentra te hablarán de cuestiones como la forma en que expresas enfado, actúas para conseguir tus objetivos y te defiendes. Mientras que tu signo de Venus representa aquello que te atrae y valoras, tu signo de Marte revelará cómo te comportas en la cama y lo que quieres de tus parejas sentimentales a fin de disfrutar de la satisfactoria vida sexual que te mereces.

MARTE EN ARIES

PALABRAS CLAVE: ardiente, asertivo.

Marte se encuentra en su hogar en el pasional Aries, lo que te proporciona una increíble energía orientada a la acción para avanzar hacia cualquier objetivo. Tienes confianza en ti mismo y estás decidido a triunfar en todo lo que emprendas, desde la sala de juntas hasta el dormitorio. Tu pasión por tomar la iniciativa aumenta tu confianza y alimenta tu fuego interior para perseguir cualquier meta que te propongas. En cuanto a tus preferencias sexuales, eres un amante ardiente que va a por lo que quiere. Valoras la comunicación directa y disfrutas más del proceso de perseguir lo que deseas que de mantener un compromiso una vez que lo has conseguido.

MARTE EN TAURO

PALABRAS CLAVE: paciente, resuelto.

Marte en el firme Tauro ayuda al planeta del impulso y la acción a frenar el ritmo y a dedicar energía a lo que realmente valora. Esta posición está regida por el gentil Venus, que confiere suavidad a la naturaleza normalmente agresiva de Marte. Aunque no se te provoca con facilidad, una vez que se superan ciertos límites, acaba revelándose tu potente temperamento. En cuanto a tus necesidades y deseos sexuales, eres un amante terrenal y sensual que se toma su tiempo en el dormitorio. Valoras la paciencia y la resistencia, y prefieres no precipitarte a la hora de actuar, algo que a tus amantes les encanta de ti.

MARTE EN GÉMINIS

PALABRAS CLAVE: cotilleo, multitarea.

Marte en Géminis, un signo mentalmente ágil, te aporta una naturaleza ingeniosa y curiosa que se expresa a través de la mente, ya que esta posición está regida por Mercurio. Con el planeta de la acción en el signo de la comunicación, tienes facilidad para asumir varias tareas a la vez y, cuando te provocan, empleas las palabras como munición mejor que ningún otro signo. Cuidado con dedicarte al cotilleo cuando te aburras: procura redirigir tus habilidades cognitivas hacia tareas más productivas. En cuanto a tus necesidades y deseos sexuales, primero debes excitarte mentalmente. Te resulta imprescindible mantener una conversación inteligente y compartir una gran abundancia de besos.

MARTE EN CÁNCER

PALABRAS CLAVE: protector, emocional.

Marte en el sensible Cáncer es extremadamente leal y protector con sus seres queridos. Esta posición está regida por la Luna, por lo que tus emociones dictan tus acciones, pudiendo fluctuar desde el enfado y la agresividad hasta un estado más sensible y pasivo en cuestión de minutos. Estás destinado a sentir una amplia variedad de emociones en respuesta a lo que te rodea. Siempre que sea posible, procura esperar a tener una actitud neutral antes de pasar a la acción. En cuanto a tus necesidades y deseos sexuales, asumir el papel de cuidador te estimula, al necesitar una profunda conexión emocional con tus parejas.

MARTE EN LEO

PALABRAS CLAVE: seguro de sí mismo, carismático.

A Marte en el llamativo Leo le encanta expresarse, y el mundo es su público. Con el Sol rigiendo esta posición, tiendes a poner un toque dramático en todas tus acciones. Tu amor por el drama se extiende a tu temperamento fogoso, aunque tu entusiasmo y calidez naturales mitigan los ocasionales arrebatos de ira. En cuanto a tus necesidades y deseos sexuales, te encanta hacer realidad tus fantasías, creando escenarios románticos y representándolos de forma juguetona y apasionada. También puede que te guste disfrutar de encuentros sexuales frente al espejo o de la emoción de ser grabado.

MARTE EN VIRGO

PALABRAS CLAVE: organizado, solícito.

Marte en el analítico Virgo tiene buen ojo para los detalles, así como dotes organizativas. Esta posición está regida por Mercurio, lo que te confiere productividad mental y la base terrenal para actuar con eficacia. Puede que seas una persona más crítica que agresiva en lo que respecta a tu carácter, pero ofreces tus opiniones pensando en lo mejor para todos. En cuanto a tus necesidades y deseos sexuales, entiendes que el sexo es una forma de aliviar el estrés y un componente clave de un estilo de vida saludable. Estás deseoso de complacer a tus amantes y no eres tan exigente en el dormitorio como otras posiciones de Virgo.

MARTE EN LIBRA

PALABRAS CLAVE: armonía, equilibrio.

Marte en Libra, un signo que propicia la búsqueda de la igualdad, es el pacificador de las ubicaciones de Marte, ya que esta posición está regida por el gentil Venus. Tienes una inclinación natural hacia la resolución pacífica en lugar de las discusiones y adoptas un enfoque pasivo para conseguir tus objetivos. Nadie debe confundir tu amabilidad con debilidad, ya que eres increíblemente encantador y persuasivo. En cuanto a tus necesidades y deseos sexuales, prefieres una atmósfera estética adecuada para hacer el amor y exiges justicia e igualdad en el dar y recibir en el dormitorio.

MARTE EN ESCORPIO

PALABRAS CLAVE: instintivo, magnético.

Marte en el poderoso y reservado Escorpio es un explorador resuelto, ya que se trata de una posición regida clásicamente por Marte y, en tiempos más recientes, por Plutón. Sientes una profunda necesidad de intensidad y emprendes acciones impulsadas emocionalmente hacia aquello que deseas de verdad. Tienes una percepción natural de las motivaciones de los demás, lo que te confiere una presencia magnética intensa y fascinante. En cuanto a tus necesidades y deseos sexuales, anhelas la intimidad y la pasión, y estás dispuesto a incitarte tanto a ti mismo como a tus amantes a romper tabúes en la búsqueda del placer.

MARTE EN SAGITARIO

PALABRAS CLAVE: aventurero, enérgico.

Marte en el intrépido Sagitario lleva la pasión por viajar a nuevos niveles. Esta posición está regida por el expansivo Júpiter, lo que te convierte en un buscador filosófico en constante búsqueda de lo que existe más allá del horizonte literal y metafórico. Te apegas a tus ideales y defiendes tus puntos de vista con fervor. En cuanto a tus necesidades y deseos sexuales, vives la intimidad con el mismo entusiasmo enérgico con el que abordas el resto de tu vida, por lo que eres una persona muy divertida en la cama. Aunque disfrutas en este ámbito, el idilio no suele durar mucho tiempo, ya que la libertad es el idioma que hablas en el amor.

MARTE EN CAPRICORNIO

PALABRAS CLAVE: determinado, comprometido.

Marte en el ambicioso Capricornio está decidido a triunfar a toda costa. Esta posición está regida por el restrictivo Saturno, lo que te convierte en un experto de la gratificación aplazada. Te esfuerzas por ser el mejor en todo lo que emprendes y te impones un nivel de exigencia increíblemente alto. En cuanto a tus necesidades y deseos sexuales, afrontas la intimidad con la misma resolución y vigor que el resto de tu vida. Te esfuerzas por complacer a tu pareja y eres un amante generoso y entregado.

MARTE EN ACUARIO

PALABRAS CLAVE: excéntrico, idealista.

Marte en el extravagante Acuario te proporciona un enfoque inusual para pasar a la acción. Esta posición, regida clásicamente por Saturno y, en tiempos más recientes, por Urano, hace que te comprometas con tus ideas progresistas. Puede que tu enfoque sea poco ortodoxo, pero tu intelecto y tu capacidad de comunicación te ayudarán a transmitir tus ideas. En cuanto a tus necesidades y deseos sexuales, eres abierto y aventurero, y prefieres la espontaneidad y la experimentación en el dormitorio. Estás dispuesto a probar lo que sea, pero no repites más de dos veces.

MARTE EN PISCIS

PALABRAS CLAVE: compasivo, emocional.

Marte en el empático Piscis defiende a los oprimidos. Esta posición regida clásicamente por Júpiter y, en tiempos más recientes, por Neptuno, te confiere un temperamento suave que roza la pasividad, a menos que te sientas emocionalmente conectado a una situación que te impulse a actuar. En cuanto a tus necesidades y deseos sexuales, eres un amante generoso que se esfuerza por complacer a su pareja. Además, debido a tu gran intuición, sabes de forma instintiva aquello que la estimula, lo cual convierte el arte de dar en una recompensa en sí misma.

Trabajar con la carta natal: mi Marte

1. ¿En qué signo está Marte en tu carta?

   ....

2. ¿En qué casa se encuentra y qué signo del zodíaco es el regente natural de esa casa?

   ....

3. Compara las palabras clave de tu signo de Marte con las del regente natural de esa casa (página 26). ¿Qué información te aporta?

   ....

   ....

   ....

   ....

REFLEXIÓN

¿Cómo crees que influye la posición de Marte en tu carta en tu forma de actuar y afrontar los conflictos? ¿Cómo puedes estar mejor preparado para gestionar las emociones fuertes que surgen de una situación conflictiva en función de la posición de Marte en tu carta?

....

....

....

....

SIETE

Beneficiarse de los planetas sociales

· · · · · · · · · · · · · · · · ·

EN ESTE CAPÍTULO seguiremos avanzando por nuestra galaxia y comenzaremos a explorar conceptos de tu carta que se alejan un poco de tu identidad básica. Más allá de los planetas interiores se encuentran los dos planetas sociales, Júpiter y Saturno. Estos planetas tardan más tiempo en completar su órbita que Mercurio, Venus y Marte a causa de su mayor distancia del Sol, lo que modifica el impacto que tienen sobre nosotros de forma personal y colectiva. Debido a sus efectos de mayor alcance sobre un gran grupo de personas a la vez, se consideran planetas sociales más que interiores o personales. Júpiter y Saturno representan un papel fundamental en tu desarrollo personal, en cómo progresas en la vida y en la función que debes desempeñar en la sociedad. Conocer el signo y la casa en la que se encuentran tus planetas sociales contribuirá a una mayor comprensión de las áreas en las que experimentas facilidad y buena suerte, así como dónde se te presentan desafíos. Esta información te permitirá emplear tu poder interior para superar e integrar las lecciones vitales en los planos físico y espiritual. Ampliar el conocimiento sobre la posición de tus planetas sociales te ayudará a crecer y expandirte hacia la versión más integrada de ti mismo en esta vida.

JÚPITER ♃

PALABRAS CLAVE: buena fortuna, suerte, expansión.

Júpiter, el primero de los planetas sociales y el más grande de nuestro sistema solar, tarda aproximadamente un año en recorrer cada signo y presenta un movimiento retrógrado durante cuatro o cinco meses, en el que se nos pide que reevaluemos nuestra espiritualidad, nuestro crecimiento personal, el modo en que nos expandimos y hacia dónde queremos dirigirnos.

Tu signo de Júpiter y la casa en la que se encuentra pueden informarte sobre tu camino personal de crecimiento en lo que se refiere a la filosofía y la espiritualidad, la forma en que amplías tu cosmovisión, tus puntos de vista sobre los viajes de larga distancia y al extranjero, y tu enfoque de la educación superior. Presta atención a Júpiter para que te muestre cómo experimentas buena fortuna y golpes de suerte, ya que este planeta expande todo lo que toca. Esta área de tu carta te revelará dónde puedes aprovechar esa energía expansiva en tu beneficio.

JÚPITER EN ARIES

PALABRAS CLAVE: seguro de sí mismo, paladín.

Júpiter en Aries, un signo orientado a la acción, es el ganador definitivo. Con Marte rigiendo esta posición, tienes confianza en ti mismo y te sientes impulsado a triunfar. El expansivo Júpiter te otorga una energía ilimitada y la automotivación para experimentar la vida como una aventura. Adquirir nuevas habilidades e información alimenta tu amor por los descubrimientos en los que tú llevas la iniciativa. Los golpes de suerte y la buena fortuna favorecen todo lo que haces cuando te centras y das prioridad a tu propio crecimiento, motivando a los demás con tu espíritu pionero.

JÚPITER EN TAURO

PALABRAS CLAVE: hedonista con los pies en la tierra.

Por mucho que Júpiter en Tauro sea estable y práctico, es todo menos aburrido. Regida por el romántico Venus, esta posición pone la búsqueda del placer al frente de tus aventuras. La energía estabilizadora de la tierra te aporta la paciencia necesaria para hacer realidad tus sueños, mientras que el expansivo Júpiter te trae buena fortuna y golpes de suerte en el aspecto material de la existencia. Desde el ámbito de la economía hasta el de la alta cocina, el mundo es tuyo.

JÚPITER EN GÉMINIS

PALABRAS CLAVE: conversador curioso.

Júpiter en el hablador Géminis es un curioso buscador de conocimientos e información. Regida por el inquisitivo Mercurio, esta posición te proporciona un gran intelecto unido a un apetito insaciable por los medios y la comunicación de todo tipo. El expansivo y optimista Júpiter te trae buena suerte y oportunidades afortunadas en las áreas de la lectura, la oratoria y la escritura, invitándote a compartir el don de la palabra con la colectividad.

JÚPITER EN CÁNCER

PALABRAS CLAVE: protector emocionalmente inteligente.

Júpiter en el emocional Cáncer es un cuidador empático. Regida por la intuitiva Luna, esta posición te proporciona una visión clara de las necesidades emocionales de los demás y las habilidades para proporcionar el apoyo ideal en cualquier situación. Ayudar a los demás es para ti una recompensa en sí misma, y el expansivo Júpiter te trae oleadas de buena suerte y oportunidades afortunadas cuando compartes tu gran y hermoso corazón con el mundo.

JÚPITER EN LEO

PALABRAS CLAVE: creador entusiasta.

Júpiter en el dramático Leo es alegremente expresivo. Esta posición está regida por el Sol, lo que te aporta un aire de realeza que se ve amplificada por la energía de Júpiter. Tu personalidad carismática es mejor recibida cuando recuerdas brillar con tu luz sobre todos en lugar de centrarla en ti mismo. Las oportunidades expansivas y los golpes de suerte llegan a través de tus actividades creativas y al compartir tu genuino entusiasmo por la vida con los demás.

JÚPITER EN VIRGO

PALABRAS CLAVE: trabajador diligente y paciente.

Júpiter en el analítico Virgo busca el éxito a través del trabajo duro y la perseverancia. Esta posición está regida por el inteligente Mercurio, que te proporciona la agilidad mental y el sentido práctico necesarios para hacer realidad tus sueños. El expansivo Júpiter te traerá oportunidades afortunadas y buena suerte, aunque será necesaria una perspectiva optimista junto con un esfuerzo concentrado de tu parte para obtener los resultados esperados.

JÚPITER EN LIBRA

PALABRAS CLAVE: socio diplomático.

Júpiter en la equilibrada Libra busca la armonía en las relaciones tanto en el amor como en los negocios. Esta posición está regida por el encantador Venus, que te dota de encanto personal y la capacidad de ver la belleza en cualquier situación. El tan expansivo Júpiter te ayuda a encontrar la suerte fácilmente en el amor y el romance, así como en los negocios. La comunicación fluida es algo natural en ti, lo que te hace popular y querido entre tus semejantes.

JÚPITER EN ESCORPIO

PALABRAS CLAVE: soñador magnético y reservado.

Júpiter en Escorpio, un signo discreto e introspectivo, constituye una fuerza silenciosa. Esta posición, regida clásicamente por Marte y, en tiempos más recientes, por Plutón, te aporta el impulso de perseguir tus sueños y poner todo tu empeño en alcanzarlos gracias a tu capacidad natural para atraer recursos. El expansivo Júpiter te trae oportunidades afortunadas y buena suerte cuando combinas tu fuerte intuición con la simple fuerza de voluntad para hacer realidad la magia.

JÚPITER EN SAGITARIO

PALABRAS CLAVE: aventurero con suerte.

Júpiter en el optimista Sagitario es uno de los lugares más afortunados en los que encontrarse, ya que Júpiter está en su domicilio ofreciéndote un entusiasmo sin límites que atrae buena fortuna, golpes de suerte y oportunidades emocionantes de forma natural.

Tienes un espíritu aventurero y te gusta viajar, aprender y ampliar tu cosmovisión. La abundancia de Júpiter te brinda prósperas oportunidades al compartir tus conocimientos con los demás, de modo que mantén siempre la mente abierta y entusiasta.

JÚPITER EN CAPRICORNIO

PALABRAS CLAVE: estratega metódico.

Júpiter en el circunspecto Capricornio es impulsivo y ambicioso. Esta posición está regida por el restrictivo Saturno, que te proporciona el enfoque y la determinación necesarios para hacer realidad tus metas y sueños mediante una planificación y una estrategia cuidadosas. El expansivo Júpiter te trae oportunidades afortunadas y buena suerte cuando te centras en tus planes con una actitud realista, recordando ser generoso con los demás mientras alcanzas tu propio éxito.

JÚPITER EN ACUARIO

PALABRAS CLAVE: innovador en justicia social.

Júpiter en Acuario ama la libertad y desea una reforma innovadora para todos en lugar de un beneficio puramente personal. Esta posición, regida clásicamente por Saturno y, en tiempos más recientes, por Urano, te aporta un sentido de responsabilidad social y una visión novedosa de hacia dónde debe dirigirse la sociedad. El expansivo Júpiter te trae buena suerte y oportunidades afortunadas cuando interactúas con individuos de ideas afines, uniéndote por un bien mayor.

JÚPITER EN PISCIS

PALABRAS CLAVE: compasivo, intuitivo.

Júpiter en el empático Piscis amplifica la conexión con el amor universal. Esta posición, regida clásicamente por el propio Júpiter y, en tiempos más recientes, por Neptuno, te proporciona una destacada intuición acompañada de un fuerte sentido espiritual que trasciende el ámbito terrenal. El expansivo Júpiter te trae maravillosas oportunidades y buena suerte cuando prestas atención a tu intuición, tienes en cuenta tus sueños y aprovechas tu creatividad natural.

Trabajar con la carta natal: mi Júpiter

1. ¿En qué signo está Júpiter en tu carta?

    ....

2. ¿En qué casa se encuentra y qué signo del zodíaco es el regente natural de esa casa?

    ....

3. Compara las palabras clave de tu signo de Júpiter con las del regente natural de esa casa
    (página 26). ¿Qué información te aporta?

    ....

    ....

    ....

    ....

REFLEXIÓN

¿De qué modo crees que la posición de Júpiter en tu carta te ha traído suerte y abundancia
imprevistas? ¿Qué te ha enseñado tu signo de Júpiter sobre tu sentido de la espiritualidad?

....

....

....

....

SATURNO ♄

PALABRAS CLAVE: disciplina, restricción, responsabilidad.

Saturno, el otro planeta social, tarda hasta dos años y medio en recorrer cada signo y tiene un período retrógrado de cuatro a cinco meses en el que se nos pide que reevaluemos el esfuerzo que ponemos para alcanzar nuestros objetivos y el modo en que nos hemos responsabilizado del papel que representamos en nuestras vidas y en la sociedad.

Tu signo de Saturno puede parecer un fastidio, ya que te muestra dónde experimentas restricciones, retrasos y separación; sin embargo, esto se debe a propósitos kármicos específicos para ti en esta vida. Tu signo de Saturno y la casa en la que se encuentra te mostrarán cuál es tu tarea más importante, los retos y obstáculos que debes superar y el camino para madurar y hacerte más responsable a medida que avanzas en la vida. Saturno te enseña cuáles son tus mayores obstáculos al mostrarte tus recursos más valiosos para superarlos. Es importante recordar que este planeta siempre recompensa el trabajo duro y la dedicación.

SATURNO EN ARIES

PALABRAS CLAVE: autodisciplinado, beligerante.

Saturno en Aries, un signo centrado en sí mismo, te pide que desarrolles la autodisciplina a través de la restricción de tu libertad personal o de tu cuerpo físico. Esta posición está regida por el fogoso Marte, lo que significa que puedes experimentar desafíos en cuestiones relativas a ejercer el liderazgo, tener mal genio o ser autoritario en general. Asumir la responsabilidad de tu comportamiento constituye un proceso que dura toda la vida y que transformará tu forma de relacionarte con los demás. Esto es válido tanto desde el punto de vista del liderazgo como a la hora de convertirte en el capitán de tu propia vida.

SATURNO EN TAURO

PALABRAS CLAVE: necesidad de seguridad material, leal.

Saturno en el fiable Tauro ansía estabilidad y seguridad en lo que respecta a los recursos físicos. Esta posición está regida por Venus, lo que hace hincapié en el aspecto material de la existencia. A veces puede parecerte que nunca tienes suficiente, a pesar de tener una posición económica estable. Cultivar una comprensión del valor de la vida más allá de tu cuenta bancaria forma parte de tu propósito. Céntrate en crear una fuerte autoestima a través de tu fiabilidad y tu dedicación a objetivos a largo plazo, confiando en que eres capaz de generar todo lo que necesitas.

SATURNO EN GÉMINIS

PALABRAS CLAVE: enfocado en los hechos, intelectual.

Saturno en el intelectual Géminis te pide que estructures y organices tus pensamientos, que suelen ser desordenados. En esta posición regida por el veloz Mercurio tienes una mente aguda que está siempre acelerada. Cultivar hábitos saludables para centrar tus pensamientos y equilibrar tu relación con las redes sociales constituye una práctica para toda la vida que te ayudará a comunicar tus ideas y a despejar tu espacio mental. Esto mejorará tu autoestima y te aportará confianza en ti mismo, lo cual te ayudará a no dar a los hechos más importancia de la necesaria.

SATURNO EN CÁNCER

PALABRAS CLAVE: emocional, intuitivo.

Saturno en el sensible Cáncer te reta a equilibrar tus emociones con el sentido práctico. Esta posición está regida por la Luna, lo que hace que te dejes llevar por tus instintos y sentimientos más que por un razonamiento serio. Sientes una gran responsabilidad hacia tus amigos, tu familia o tu hogar, y tiendes a acallar tus sentimientos priorizando el bienestar de quienes te rodean. Cultivar la expresión sana de tus emociones (sin dejar que te dominen) te resulta sumamente gratificante y te ayuda a cuidar mejor de las personas cercanas.

SATURNO EN LEO

PALABRAS CLAVE: orgulloso, autocrítico.

Saturno en el enérgico Leo te pide que aprendas a equilibrar el trabajo y la diversión. Regida por el vibrante Sol, esta posición restringe la expresión de tu exuberante personalidad. Es posible que te sientas frustrado e ignorado, incapaz de transmitir tu brillantez a los demás por miedo a no ser bien recibido. Estas lecciones te enseñan a cultivar la vulnerabilidad y a liberarte de la rigidez mientras encuentras con confianza tu camino hacia la alegría y la autoexpresión creativa. Estás destinado a ser visto y escuchado.

SATURNO EN VIRGO

PALABRAS CLAVE: pragmático, eficaz.

Saturno en el práctico Virgo te pide que desarrolles tu poder personal y que actúes al servicio de los demás de forma gozosa y auténtica (sin sentir que se aprovechan de ti). Esta posición está regida por el analítico Mercurio, que te otorga una aguda capacidad mental para resolver problemas con la que ofreces apoyo a otros de buena gana. Reconocer y dar prioridad a tus propios asuntos te ayudará a cultivar la confianza en ti mismo y a poner en marcha el proceso de autosanación, lo que te permitirá estar disponible y mejor preparado para ayudar a los demás.

SATURNO EN LIBRA

PALABRAS CLAVE: agradable, racional.

Saturno en Libra ama la armonía y te pide que desarrolles el equilibrio en tus relaciones. Regida por el bello Venus, esta posición hace que no te enfrentes a nadie y busques resoluciones pacíficas a costa de tus propias necesidades y límites. Estas lecciones te enseñan la importancia de la autoafirmación con el fin de mantener relaciones sanas y cultivar el respeto hacia ti mismo. Asumir la responsabilidad de tomar decisiones y defenderte es el camino hacia unas relaciones más pacíficas y amorosas.

SATURNO EN ESCORPIO

PALABRAS CLAVE: obstinado, capaz.

Saturno en el reservado Escorpio te pide que afrontes y elimines las distracciones que nublan la visión de tus objetivos. Esta intensa posición, regida clásicamente por Marte y, en tiempos más recientes, por Plutón, te proporciona una ambición implacable y un enfoque hacia la consecución de tus deseos. El éxito y la madurez se consiguen cuando cultivas un sano sentido de tus limitaciones y motivos altruistas en la búsqueda del poder y la autoridad. Eres una fuerza que debe tenerse en cuenta, de modo que emplea tus capacidades para hacer el bien y este retornará a ti.

SATURNO EN SAGITARIO

PALABRAS CLAVE: independiente, filosófico.

Saturno en el aventurero Sagitario te reta a explorar la vida dentro de unos límites responsables. Esta posición está regida por el expansivo Júpiter, creando un doble efecto que restringe tu libertad personal con el propósito de ayudarte a madurar. Cultivar un fuerte sentido de la ética y aprender sobre los temas que te interesan te lleva a escalar grandes alturas. Esta sabiduría te ayuda a alcanzar tus metas y a acceder a la libertad que antes sentías fuera de tu alcance. Compartir tus experiencias y conocimientos con los demás constituye una importante contribución a tus relaciones.

SATURNO EN CAPRICORNIO

PALABRAS CLAVE: maduro, ambicioso.

Saturno se encuentra en su domicilio en el responsable Capricornio, pidiéndote que alcances tus ambiciones a través de la dedicación y el trabajo duro. Regida por el restrictivo Saturno, esta posición entiende que cuanto mayor es el reto, más grande es la recompensa. Es posible que experimentes contratiempos y retrasos en tu empeño por alcanzar tus metas, pero estas lecciones te están enseñando a encontrar el equilibrio entre el logro y el descanso. Cultivar el autocuidado y permitirte relajarte y disfrutar de la vida te conducirá a una gran satisfacción personal.

SATURNO EN ACUARIO

PALABRAS CLAVE: librepensador, humanitario.

Saturno en Acuario te infunde apertura mental y te pide que contribuyas a la sociedad de forma significativa aprendiendo a equilibrar el liderazgo y la dinámica de grupo con el amor y el cuidado de ti mismo. Esta posición, regida clásicamente por Saturno y, en tiempos más recientes, por Urano, te proporciona un increíble enfoque, así como ambición a la hora de compartir tus ideas innovadoras con los demás. Tienes dotes naturales de liderazgo y la capacidad de asumir varias tareas a la vez. Cultivar el autocuidado y respetar tus límites mejorará tus relaciones y aliviará el agotamiento.

SATURNO EN PISCIS

PALABRAS CLAVE: soñador, hacedor.

Saturno en el soñador Piscis te pide que hagas realidad tus sueños cultivando la responsabilidad y el arraigo en el plano físico. Esta posición, regida clásicamente por el expansivo Júpiter y, en tiempos más recientes, por el nebuloso Neptuno, te proporciona un acceso extraordinario a la creatividad y a un rico mundo de fantasía. Estos rasgos te conducen a la creación de resultados tangibles con el amor exigente de Saturno. Tu espiritualidad es la práctica de enraizamiento que te ayudará a transitar por el lado más oscuro de la experiencia humana.

Trabajar con la carta natal: mi Saturno

1. ¿En qué signo está Saturno en tu carta?

    ....

2. ¿En qué casa se encuentra y qué signo del zodíaco es el regente natural de esa casa?

    ....

3. Compara las palabras clave de tu signo de Saturno con las del regente natural de esa casa (página 26). ¿Qué información te aporta?

    ....

    ....

    ....

    ....

    ....

REFLEXIÓN

¿Qué restricciones, límites o lecciones ha conllevado la posición de Saturno en tu carta? ¿De qué modo ha contribuido a fomentar una mayor responsabilidad y crecimiento?

....

....

....

....

NOTAS

NEPTUNO

PLU

URANO

OCHO

Analizar los planetas exteriores

· · · · · · · · · · · · · · · ·

INCLUSO LAS AFINIDADES GENERALES nos afectan. Es cierto que las personas que comparten nacionalidad y han crecido en el mismo ambiente no tendrán tanto en común como las que se han criado en el mismo hogar, pero aun así coincidirán en algunas importantes experiencias y opiniones. Cuando exploramos los signos solares y lunares, o incluso los planetas interiores, todo gira en torno a tus rasgos y necesidades particulares.

A medida que nos adentramos en nuestra galaxia para encontrarnos con los planetas exteriores —Urano, Neptuno y Plutón—, empezamos a profundizar en las afinidades de ese nivel más lejano (pero aún significativo) de haber «crecido en el mismo estado». Estos tres planetas se consideran planetas exteriores o «generacionales» a causa de su gran distancia del Sol. Debido a que el movimiento de estos planetas es tan lento, nos afectan más de forma colectiva que personal. Aunque cada uno de estos planetas tendrá una función específica en tu nacimiento, verás que desempeñan un papel similar en las vidas de los nacidos durante la misma época que tú.

También es importante señalar que, mientras que los planetas interiores (Mercurio, Venus y Marte) solo tardan unas semanas en recorrer cada signo, y los planetas sociales (Júpiter y Saturno) hasta dos años, a los planetas exteriores esto les lleva más de dos años. Este ritmo pausado provoca cambios graduales y a largo plazo en tu vida que no pueden acelerarse. Un mayor conocimiento de los signos en los que se encuentran Urano, Neptuno y Plutón en tu carta te ayudará a entender e integrar los papeles más ocultos que debes encarnar durante esta vida y en nuestra sociedad compartida.

URANO ⛢

PALABRAS CLAVE: libertad, cambio, singularidad.

Urano, el primero de los planetas exteriores, es conocido en astrología como el «gran despertador», cuya energía nos libera de los ciclos anticuados en los que nos quedamos atrapados a lo largo de nuestra vida. Mitológicamente relacionado con el dios del cielo, Urano representa nuestra mente superior y se expresa en forma de cambios que atravesamos cuando nos desviamos de nuestro camino de individualidad. Esto puede manifestarse como una ruptura, la pérdida del trabajo, fluctuaciones en la economía u otros cambios repentinos en las circunstancias. Desde un punto de vista más positivo, Urano también lidera la evolución de la sociedad en términos de innovaciones tecnológicas.

Comprender tu signo de Urano y la casa en la que se ubica te permitirá convertir acontecimientos aparentemente desafortunados en oportunidades para crecer y expresar tu singularidad. El signo y la casa en la que se encuentra Urano en tu carta natal te mostrará el área de la vida en la que es más probable que experimentes grandes transformaciones. Aunque a veces estos cambios resultan chocantes, conducen a una mayor sensación de libertad y liberación.

Urano permanece alrededor de siete años en cada signo, y durante ese tiempo tendrá un efecto tanto en lo colectivo como en tu vida personal. Presta atención a este planeta para que te guíe hacia una mayor independencia a través de la expresión de tu individualidad.

URANO EN ARIES

FECHAS: 1927-1935; 2010-2019

Urano en Aries —el signo del yo— supone un gran cambio en la forma en la que te afirmas y presentas, algo que últimamente se realiza a través de las redes sociales y la tecnología en forma de *selfies*, dispositivos personales y una cuidada imagen de uno mismo. Regida por Marte, esta posición tiene que ver con reafirmarte como líder, creador de contenidos o persona influyente. Libérate de todo lo que limite tu sentido de la libertad para que la autoexpresión individual pueda llevarte a una mayor integración y plenitud.

URANO EN TAURO

FECHAS: 1935-1942; 2019-2026

Urano en Tauro —el signo de los valores, las posesiones y la creación de estabilidad material— conlleva un gran cambio en tu sentido de la propia valía y en lo que significa sentirse seguro en el mundo físico. Regida por el bello Venus, esta posición afecta a aquello que valoras y a tu forma de obtener dinero. Pueden producirse fluctuaciones en tu economía personal a medida que descubres lo que la riqueza representa para ti, tanto de forma espiritual como material, liberándote de la tradición y de las expectativas sociales.

URANO EN GÉMINIS

FECHAS: 1942-1949

Urano en Géminis —el signo de la comunicación y la mente— representa un gran cambio en la forma de pensar en la que te educaron y en el desarrollo de tus procesos de pensamiento individuales. Esta posición está regida por el intelectual Mercurio y te aporta una mente aguda con la capacidad de comprender las paradojas que existen en ti mismo y en la sociedad, lo que conduce a una perspectiva revolucionaria que debe compartirse con los demás. Liberarte de ideas limitadoras y de principios dogmáticos te conducirá a una mayor sensación de libertad personal.

URANO EN CÁNCER

FECHAS: 1948-1956

Urano en Cáncer —el signo del hogar y la estructura familiar— supone un gran cambio en la forma en que enfocas la construcción de un hogar y la manera en que cuidas de tu propia familia. Esta posición está regida por la Luna y entraña un cambio en la inteligencia emocional necesaria para que crezcas y crees tu propio camino, libre de las limitaciones del pasado. Los valores familiares adquieren un nuevo significado a medida que exploras y experimentas con definiciones alternativas de lo que el hogar y la familia significan para ti.

URANO EN LEO

FECHAS: 1955-1962

Urano en Leo —el signo de la creatividad y la autoexpresión— conlleva un gran cambio en la forma de compartir tus dones y talentos creativos con los demás. Regida por el Sol, esta posición te pide que dejes de sentirte cohibido o temeroso de perseguir tus sueños debido a los condicionamientos sociales. Resiste la tentación de seguir a la tribu y abraza tu individualidad, por excéntricos o especializados que sean tus talentos. Cultivar tu pasión creativa es el camino definitivo hacia la plenitud.

URANO EN VIRGO

FECHAS: 1961-1969

Urano en Virgo —el signo de la vida sana y el bienestar físico a través del análisis minucioso de la información— representa un gran cambio en la forma de enfocar el cuidado de la salud y la curación tradicionales. Regida por el curioso Mercurio, esta posición te pide que encuentres una forma mejor de cuidar tu cuerpo experimentando y pensando con originalidad. Liberarte de los viejos métodos y rutinas te conducirá por un camino único que te permitirá descubrir el verdadero significado del bienestar y el equilibrio entre la vida personal y laboral.

URANO EN LIBRA

FECHAS: 1968-1975

Urano en Libra —el signo del amor, la armonía y las relaciones— conlleva un gran cambio en la forma de enfocar las relaciones y las aventuras amorosas. Regida por el encantador Venus, esta posición persigue la igualdad y el equilibrio a través de la búsqueda de nuevas definiciones de las relaciones que realmente funcionen para ti de forma individual. También puede significar revolucionar el significado colectivo de la pareja. Liberarte del matrimonio tradicional y de las ideas heteronormativas te llevará a experimentar conexiones amorosas que te satisfagan de verdad.

URANO EN ESCORPIO

FECHAS: 1974-1981

Urano en Escorpio —el signo de la muerte, la sexualidad y la transformación— supone un gran cambio en tu forma de investigar y encontrar maneras novedosas de enfocar tu sexualidad y tu moralidad. Regida clásicamente por Marte y, en tiempos más recientes, por Plutón, esta posición te pide que encuentres nuevas formas de vivir a través de la intensidad y de sucesos que dan un vuelco a la vida. La energía de Escorpio necesita sentir intensamente y puede manejar las profundidades de la experiencia humana. Al abrazar estos momentos, encuentras tu camino de aceptación y plenitud transformadora.

URANO EN SAGITARIO

FECHAS: 1981-1988

Urano en Sagitario —el signo de la filosofía personal y la exploración— representa un gran cambio en la forma en que trastocas el pensamiento generalizado viviendo con autenticidad y presentando esta autenticidad como modelo para la sociedad. Regida por el expansivo Júpiter, esta posición busca un estilo de vida excitante que rompa con la tradición en todos los ámbitos, desde la libertad religiosa hasta los entornos de trabajo alternativos. Alcanzar una calidad de vida plena que sea exclusivamente tuya es el camino adecuado para ti.

URANO EN CAPRICORNIO

FECHAS: 1988-1996

Urano en Capricornio —el signo de la responsabilidad y el trabajo duro— introduce cambios en la estructura misma de la sociedad. Regida por el estoico Saturno, esta posición pretende reformar una sociedad disfuncional anticuada. Armado de paciencia y determinación, comprendes que se necesita tiempo y mucha experimentación para encontrar las soluciones óptimas. Liberarse de lo que no funciona puede incluir exigir nuevas opciones en la atención sanitaria, el sistema educativo, las semanas laborales de más de 40 horas u otros aspectos de la vida. Estás aquí para optimizarlo todo.

URANO EN ACUARIO

FECHAS: 1995-2003

Urano, cuando está en su domicilio de Acuario —el signo que rige los avances tecnológicos y los esfuerzos humanitarios—, conlleva cambios en tu forma de evolucionar que te benefician de forma personal y también repercuten en la colectividad. Los nacidos en esta ubicación de Urano han crecido con Internet, por lo que los avances tecnológicos son algo natural para ti. Puedes aprovechar lo mejor de la tecnología e imaginar un futuro más justo si dejas de centrarte en lo individual. Pensar tanto global como localmente te conducirá a una mayor plenitud.

URANO EN PISCIS

FECHAS: 2003-2011

Urano en Piscis —el signo del misticismo y la salud mental— influirá en tu forma de abordar la conexión mente-cuerpo-espíritu. Regida clásicamente por Júpiter y, en tiempos más recientes, por Neptuno, esta posición te pide que experimentes con la sanación combinando la espiritualidad con la ciencia a fin de lograr nuevos avances en el desarrollo personal. Las formas alternativas de terapia y medicina dejarán de ser tabú a medida que encuentres tu propio camino para sanarte a ti mismo y a la sociedad.

Trabajar con la carta natal: mi Urano

1. ¿En qué signo está Urano en tu carta?

   ....

2. ¿En qué casa se encuentra y qué signo del zodíaco es el regente natural de esa casa?

   ....

3. Compara las palabras clave de tu signo de Urano con las del regente natural de esa casa (página 26). ¿Qué información te aporta?

   ....

   ....

   ....

   ....

   ....

REFLEXIÓN

¿De qué manera la posición de Urano en tu carta ha supuesto cambios significativos en tu vida? ¿Qué cualidades únicas te pide que aceptes y cultives esa posición de Urano?

....

....

....

....

NEPTUNO ♆

PALABRAS CLAVE: sueños, ilusiones, idealismo.

Más allá de Urano se encuentra Neptuno, el segundo planeta exterior, que permanece alrededor de catorce años en cada signo, afectándote de forma personal y también colectiva. Neptuno es el planeta amorosamente compasivo relacionado con las capacidades psíquicas, la intuición, los sueños y fantasías, así como con las tendencias autodestructivas como el escapismo, el engaño, la ilusión y los delirios.

Asociado en la mitología a Neptuno, el dios del mar, del que toma su nombre, la energía acuosa de Neptuno es a la vez resbaladiza y brumosa. Puede nublar el juicio de forma que creamos ver un elevado potencial, incluso cuando no exista. También se produce una tendencia a ver el menor potencial, real o imaginario, en uno mismo y en la sociedad, que nos lleva a evadirnos de los sentimientos depresivos acompañados de desesperanza.

Comprender tu signo de Neptuno y la casa en la que se ubica te mostrará las áreas donde caes en el autosabotaje y el escapismo, así como en la confusión y la ilusión. En el lado positivo, la casa y el signo donde se encuentra Neptuno te mostrarán dónde destacan tus habilidades intuitivas y tu creatividad. Presta atención a esta posición con objeto de explorar cómo puedes emplear estos dones para dar vida a tus creaciones visionarias, conectando con la conciencia colectiva y con tu espiritualidad.

NEPTUNO EN ARIES

FECHAS: 1862-1875; 2025-2038

Neptuno en Aries —el signo de la guerra, la agresividad y el liderazgo— se siente impulsado a hacer valer la voluntad personal, incluso si eso implica confrontación. Regida por el fogoso Marte, esta posición relacionada con el autosabotaje, las ilusiones, la creatividad y la intuición te insta a afrontar el conflicto directamente. Neptuno en Aries no es una época histórica pacífica; sin embargo, la trascendencia se logra suavizando esta energía y canalizándola hacia nuevos enfoques de la salud mental y la sanación personal.

NEPTUNO EN TAURO

FECHAS: 1875-1889

Neptuno en Tauro —el signo de la riqueza, la estabilidad y el placer sensual— puede conducir a los excesos en el lado material de la vida. Regida por el bello Venus, esta posición busca fusionar lo práctico con lo fantasioso, lo que conduce al escapismo a través del consumismo, mientras se intenta llenar el vacío que solo puede saciarse mediante la espiritualidad. La trascendencia se logra conectando con la Tierra para enraizar la energía soñadora de Neptuno.

NEPTUNO EN GÉMINIS

FECHAS: 1889-1902

Neptuno en Géminis —el signo de la comunicación y los procesos mentales regido por Mercurio— es capaz de tomar fantasías neptunianas soñadoras y convertirlas en realidades ingeniosas. Esta posición es responsable tanto de la confusión mental y el escapismo a través de la ensoñación como de la manifestación de esas visiones creativas en beneficio de la sociedad. La trascendencia se logra conectando con la conciencia colectiva mediante la combinación de la creatividad y el pensamiento crítico.

NEPTUNO EN CÁNCER

FECHAS: 1902-1915

Neptuno en Cáncer —el signo de los cuidados, el hogar y la familia regido por la Luna— se une a las cualidades igualmente intuitivas de Neptuno, dando lugar a nuevas formas de cuidar de la unidad familiar. La energía de Cáncer puede ser manipuladora y pasivo-agresiva, manifestándose como ilusión o escapismo a través de mecanismos de afrontamiento poco saludables para complacer a los demás. La trascendencia se logra esforzándose por ver con claridad la dinámica familiar, en lugar de mostrar un exceso de empatía.

NEPTUNO EN LEO

FECHAS: 1915-1929

Neptuno en Leo —el signo de la autoexpresión entusiasta y creativa— se muestra idealista hasta el punto del engaño en esta posición regida por el Sol. La actitud orgullosa de Leo de ocupar el centro de la escena se vuelve exagerada e incapaz de manifestarse en la realidad, lo que conduce a la decepción y la desilusión. La trascendencia se logra haciendo uso del talento natural para crear situaciones dramáticas, manteniendo al mismo tiempo el equilibrio espiritual y una perspectiva sana del ego.

NEPTUNO EN VIRGO

FECHAS: 1928-1943

Neptuno en Virgo —el signo del pragmatismo y la optimización de la salud regido por Mercurio— se ve desafiado por la cualidad onírica y abstracta de Neptuno. Esta posición es propensa a la confusión y la evasión de las tareas y responsabilidades diarias, así como a la sensibilidad a ciertas sustancias u otros problemas de salud inexplicables. La trascendencia se logra equilibrando la necesidad de resultar útil a los demás con la de centrarse en las estrategias que permiten gestionar la propia vida.

NEPTUNO EN LIBRA

FECHAS: 1942-1956

Neptuno en Libra —el signo de la igualdad y el mantenimiento de la paz en las relaciones regido por Venus— presenta un exceso de generosidad a expensas del propio bienestar y autosacrificio bajo la influencia compasiva de Neptuno. Esta posición es romántica e idealista en cuanto a las relaciones y el amor. Esto significa que es posible que tu pareja se aproveche de ti de formas que no seas capaz de percibir con claridad. La trascendencia se logra evitando el escapismo y viendo las relaciones con claridad, en lugar de proyectar una fantasía en ellas.

NEPTUNO EN ESCORPIO

FECHAS: 1956-1970

Neptuno en Escorpio —el signo de la discreción, la muerte, el misterio y la intimidad sexual— se encuentra nadando en las profundidades neptunianas de la fantasía y el análisis de los sueños. Regida por Marte y Plutón, esta posición anhela fusionar el ámbito espiritual con el físico y psicológico a través de intensas experiencias sensoriales relacionadas con el sexo y el dinero. La trascendencia se logra equilibrando la naturaleza de dar con la de recibir, siendo consciente de los límites y estableciéndolos claramente.

NEPTUNO EN SAGITARIO

FECHAS: 1970-1984

Neptuno en Sagitario —el signo de la búsqueda de la verdad, la aventura y la expansión— experimenta un entusiasmo ilimitado por la exploración. Esta posición está regida por el excesivo Júpiter, que conduce al escapismo a través de una fe ciega en las posibilidades de la vida y a una incesante búsqueda de un nuevo horizonte que puede hacer que te sientas insatisfecho con tu realidad. La trascendencia se logra canalizando tu visión expansiva hacia la creatividad artística a fin de frenar el constante deseo de explorar otros territorios.

NEPTUNO EN CAPRICORNIO

FECHAS: 1984-1998

Neptuno en Capricornio —el signo de la restricción, la disciplina y el trabajo duro— se encuentra con la energía destructora de límites de Neptuno. Regida por el amante de las reglas, Saturno, esta posición combina la fantasía idealista con las estructuras vigentes. Existe una tendencia a huir de la responsabilidad o un sentimiento de confusión sobre el rumbo y la dirección vital. La trascendencia se logra canalizando tu creatividad innata en el trabajo, así como encontrando la confianza en ti mismo sin buscar la validación ajena.

NEPTUNO EN ACUARIO

FECHAS: 1998-2012

Neptuno en Acuario —el signo de la libertad personal, la singularidad y los esfuerzos humanitarios— se muestra comprensivo y compasivo con la humanidad casi hasta la exageración. Regida tanto por Saturno como por Urano, esta posición desea conexiones espirituales del alma con los demás que te llevan a idealizar tus amistades y asociaciones, lo que conduce a establecer unos límites débiles. La trascendencia se logra al tomar conciencia de tu singularidad y ver claramente tu valor inherente dentro de cada grupo.

NEPTUNO EN PISCIS

FECHAS: 2012-2025

Neptuno en su domicilio de Piscis es intuitivo e idealista en lo que respecta a la fe, la espiritualidad y la capacidad de la colectividad de sanar las heridas psíquicas y psicológicas. Naturalmente empática, esta posición te hace vulnerable al engaño espiritual y al escapismo, ya que buscas la trascendencia de este plano físico. La verdadera unidad cósmica se encuentra escuchando tu propia intuición por encima de todas las demás.

Trabajar con la carta natal: mi Neptuno

1. ¿En qué signo está Neptuno en tu carta?

    ....

2. ¿En qué casa se encuentra y qué signo del zodíaco es el regente natural de esa casa?

    ....

3. Compara las palabras clave de tu signo de Neptuno con las del regente natural de esa casa (página 26). ¿Qué información te aporta?

    ....

    ....

    ....

    ....

    ....

REFLEXIÓN

¿Cómo ha influido la posición de Neptuno en tu carta en tu forma de experimentar el idealismo, el escapismo y el autosabotaje? ¿Cómo puedes trascender estas conductas?

....

....

....

....

PLUTÓN ♇

PALABRAS CLAVE: transformación, poder, muerte y renacimiento.

El último planeta exterior y el más alejado de nuestro Sol es Plutón. Asociado al dios mitológico del inframundo, Plutón rige las cuestiones relacionadas con la muerte, el nacimiento y la transformación a través de la rendición y la aniquilación, así como la sexualidad, lo oculto, el subconsciente psicológico y todos los tabúes.

Plutón no es ajeno a las transformaciones, ya que fue degradado a planeta enano en 2006, algo coherente con la energía del pequeño planeta del poder. A pesar de su condición de planeta enano, Plutón desempeña un papel importante en la astrología, ya que tarda entre 12 y 32 años en recorrer un signo concreto, con un período retrógrado de unos seis meses que nos pide que reevaluemos nuestros impulsos subconscientes y examinemos nuestra sombra.

Plutón en tu carta natal por signo y casa te mostrará dónde sufres una transformación significativa a través de la muerte y el renacimiento metafóricos con el fin de mostrarte tu verdadero poder. Presta atención a Plutón para clarificar las áreas en las que experimentas luchas de poder, crisis y regeneración. No temas las implicaciones aparentemente oscuras de este planeta, ya que también está señalándote la esfera en la que albergas una enorme fuerza de voluntad y un potencial de crecimiento personal, así como dónde puedes transformarte por completo superando cualquier circunstancia.

PLUTÓN EN ARIES

FECHAS: 1823-1853

Plutón en Aries —el signo de la guerra, la agresividad, la autoridad autodesignada y el espíritu pionero regido por Marte— busca la transformación a través de la afirmación de la «voluntad de poder» personal (citando a Friedrich Nietzsche, que tenía Plutón en Aries). Liberarse de la mentalidad de rebaño para ser la autoridad de tu propia vida te conduce a atravesar ciclos de conflicto y luchas de poder con otras personas que ostentan una posición de autoridad. Este es un tema importante para ti en la vida presente. El verdadero poder reside en la búsqueda altruista de tu fuerza interior.

PLUTÓN EN TAURO

FECHAS: 1853-1884

Plutón en Tauro —el signo de la riqueza material y el placer sensual regido por Venus— busca la transformación a través de la superación de la falta de moderación y el materialismo para llenar el vacío. Tu viaje incluye descubrir que, aunque tienes el poder de obtener beneficios económicos, primero debes encontrar tu propia valía. Aprender que la verdadera importancia de la riqueza y el poder personal proviene del interior y encontrar esa seguridad dentro de ti mismo son dos temas importantes para ti en esta vida.

PLUTÓN EN GÉMINIS

FECHAS: 1884-1914

Plutón en Géminis —el signo de la comunicación, la agilidad mental y el transporte regido por Mercurio— busca la transformación por medio de la experimentación movida por la curiosidad mientras persigue el poder a través del conocimiento. Pueden surgir experiencias que representan un desafío en las áreas del aprendizaje y la comunicación con figuras de autoridad. Incluso tus propios hermanos pueden ponerte a prueba mientras tu mente busca la verdad. En general, puede resultarte complicado confiar en los demás. El verdadero poder proviene de tu inmensa capacidad mental y de la disposición a mostrarte flexible ante las paradojas de la vida.

PLUTÓN EN CÁNCER

FECHAS: 1914-1939

Plutón en Cáncer —el signo del hogar, la familia y los cuidados regido por la Luna— busca la transformación a través de la superación de experiencias traumáticas de la infancia. Los patrones repetitivos de la juventud persistirán hasta que los reconozcas y los afrontes. El verdadero poder se encuentra realizando un profundo trabajo psicológico para curar y superar las heridas del pasado. Hacer esto te prepara para experimentar la vida hogareña enriquecedora que eres capaz de crear y que te aguarda al otro lado de los recuerdos dolorosos.

PLUTÓN EN LEO

FECHAS: 1939-1958

Plutón en Leo —el signo de la creatividad, la autoexpresión y la lealtad regido por el Sol— busca la transformación a través de experiencias intensas que implican relaciones románticas apasionadas, creatividad personal, exhibiciones dramáticas o el enfoque de la crianza de los hijos. Te encanta ser el centro de atención y tienes un increíble impulso de crear y mostrar tus talentos que puede acarrearte desafíos con la autoridad y choques de egos. El verdadero poder proviene de compartir el protagonismo y aprender a gestionar tus arrebatos emocionales.

PLUTÓN EN VIRGO

FECHAS: 1959-1972

Plutón en Virgo —el signo de la salud, la rutina y el servicio a los demás regido por Mercurio— busca la transformación a través de la superación de situaciones de control con figuras de autoridad o jerarquías en el lugar de trabajo. Te encanta controlar tu tiempo y cómo lo empleas, hasta el punto de obsesionarte con tu ocupación o tu rutina. A veces incluso puedes caer en la adicción al trabajo. El verdadero poder reside en tu capacidad de encontrar el equilibrio entre la vida laboral y personal, y cuidar bien de tu cuerpo físico sin sucumbir al perfeccionismo.

PLUTÓN EN LIBRA

FECHAS: 1971-1984

Plutón en Libra —el signo del equilibrio y la igualdad en las relaciones regido por Venus— busca la transformación experimentando retos y luchas de poder en el camino hacia una relación armoniosa. La naturaleza obsesiva de Plutón aporta intensidad, celos y una conducta controladora, lo que conlleva dificultades para mantener las relaciones por miedo a perderlas. El verdadero poder proviene de aceptar las cualidades de luz y sombra que hay en uno mismo y en la otra persona, en lugar de buscar la pareja perfecta.

PLUTÓN EN ESCORPIO

FECHAS: 1984-1995

Plutón se encuentra en su domicilio en Escorpio, un signo que representa la muerte, el sexo, la transformación y todo lo que se considera tabú. Esta posición amplifica las cualidades naturalmente misteriosas e intensas de Escorpio, que busca la transformación a través de experiencias extremas relacionadas con la sexualidad, lo oculto y los aspectos más oscuros de la experiencia humana. Anhelas la profundidad en todo lo que haces, aunque puede que te asuste la vulnerabilidad y la pérdida de control. El verdadero poder proviene de compartir tu transformación y emplearla para ayudar a los demás.

PLUTÓN EN SAGITARIO

FECHAS: 1995-2008

Plutón en Sagitario —el signo de la expansión, la búsqueda de la verdad, la aventura y la filosofía regido por Júpiter— busca la transformación a través de la exploración del mundo para dar forma a su cosmovisión y filosofía personal. Necesitas experimentar la vida de primera mano para asimilar lo que tiene que enseñarte, incluso si eso conlleva luchas de poder y lecciones de vida caóticas. El verdadero poder proviene de trascender la necesidad de estar obsesivamente apegado a tus ideales y opiniones.

PLUTÓN EN CAPRICORNIO

FECHAS: 2008-2024

Plutón en Capricornio —el signo de la responsabilidad, el trabajo duro y los logros regido por Saturno— busca la transformación a través de dolorosas experiencias relacionadas con la corrupción de la autoridad tanto en el hogar como en las estructuras sociales. Ves lo que no funciona y te esfuerzas por afrontar el cambio directamente. Dotado de la tendencia obsesiva a la transformación que te aporta Plutón, sabes que el camino será largo y convulso. El verdadero poder proviene de aprender a trabajar en equipo en lugar de como líder solitario (es decir, mostrando una actitud cooperativa).

PLUTÓN EN ACUARIO

FECHAS: 1778-1798; 2024-2044

Plutón en Acuario —el signo de los esfuerzos humanitarios, la tecnología, las amistades y la identidad de grupo regido conjuntamente por Saturno y Urano— busca la transformación a través de encontrar la propia voz entre la multitud desde la perspectiva de las cuestiones de justicia social y la aceptación de los otros. Puedes experimentar intensos conflictos en torno a las amistades y la identidad de grupo que te lleven a cuestionar la autoridad y la lealtad. El verdadero poder proviene de mantener tu individualidad mientras trabajas en grupos comprometidos con una innovación progresiva en beneficio de la sociedad.

PLUTÓN EN PISCIS

FECHAS: 1798-1823; 2044-2068

Plutón en Piscis —el signo de la espiritualidad y el subconsciente regido conjuntamente por Júpiter y Neptuno— busca la transformación a través de la interpretación artística como medio de autosanación. Al seguir los esfuerzos perceptibles de generaciones anteriores, el obsesivo Plutón en el intuitivo Piscis busca comprender por qué necesitamos sentirnos poderosos. Puedes atravesar experiencias que representan un desafío en áreas como el escapismo, el abuso de sustancias y el victimismo para encontrar el significado del poder verdadero a través del afrontamiento de los miedos y la curación psicológica.

Trabajar con la carta natal: mi Plutón

1. ¿En qué signo está Plutón en tu carta?

   ....

2. ¿En qué casa se encuentra y qué signo del zodíaco es el regente natural de esa casa?

   ....

3. Compara las palabras clave de tu signo de Plutón con las del regente natural de esa casa (página 26). ¿Qué información te aporta?

   ....

   ....

   ....

   ....

REFLEXIÓN

Observa cómo afecta la posición de Plutón en tu carta a la forma en que experimentas las luchas de poder, los conflictos y las crisis. ¿Cómo puedes transformarte en función de estas experiencias y descubrir tu poder personal?

....

....

....

....

Símbolos planetarios

Empareja el símbolo o glifo planetario con su planeta correspondiente.

☉	MERCURIO
☿	VENUS
⛢	MARTE
♄	JÚPITER
♇	SATURNO
☽	URANO
♃	NEPTUNO
♀	PLUTÓN
♆	SOL
♂	LUNA

Símbolos del zodíaco

Empareja el símbolo o glifo del zodíaco con su nombre correspondiente.

♊

♌

♋

♑

♏

♎

♓

♒

♉

♈

♍

♐

ARIES

TAURO

GÉMINIS

CÁNCER

LEO

VIRGO

LIBRA

ESCORPIO

SAGITARIO

CAPRICORNIO

ACUARIO

PISCIS

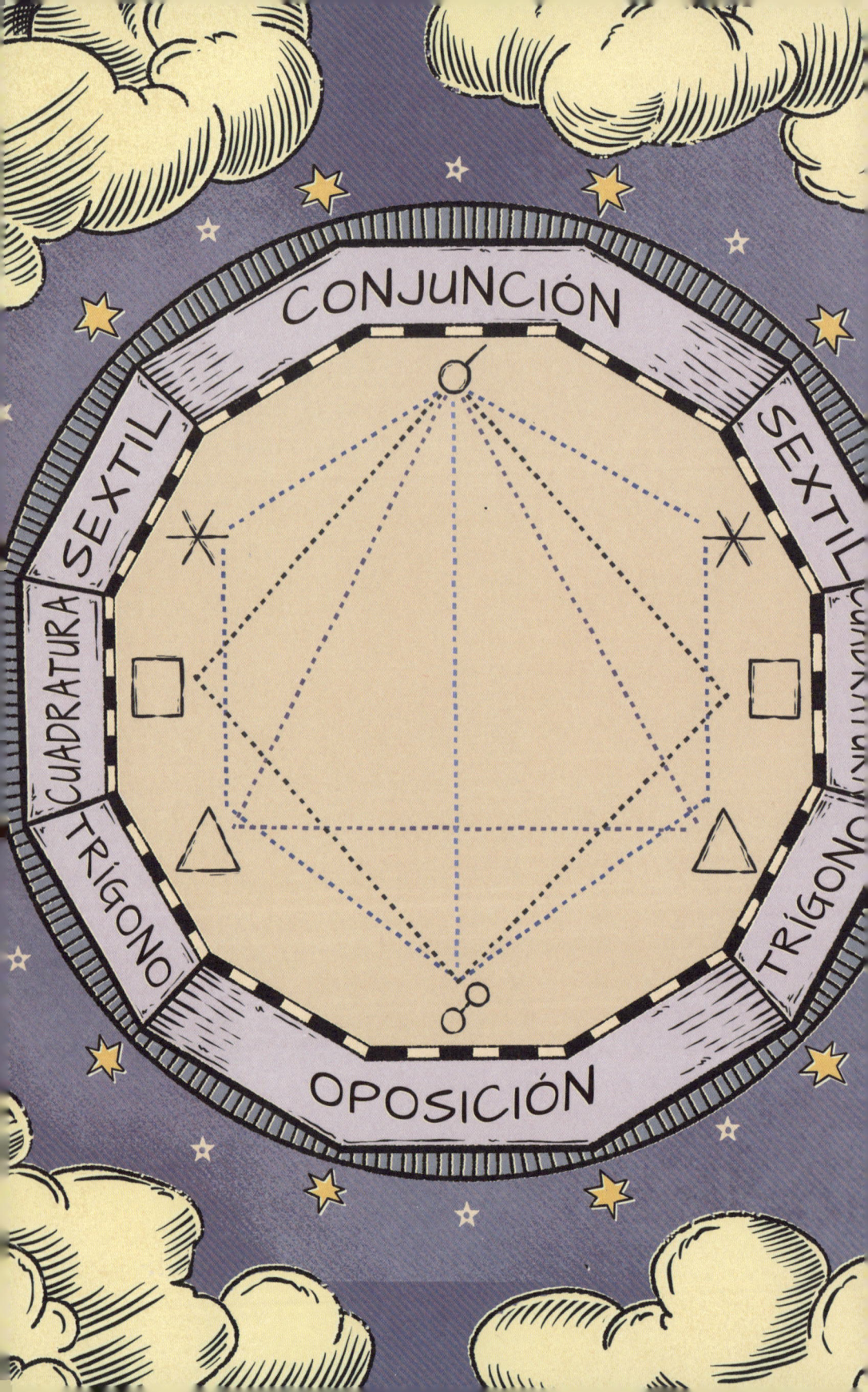

NUEVE

Descubrir los aspectos

· · · · · · · · · · · · · · · · · · · ·

AUNQUE LAS ESTRELLAS parecen inmóviles cuando las miramos por la noche, lo cierto es que los planetas están siempre en movimiento, desplazándose de una casa a otra. En el mundo de la astrología esto significa que forman aspectos que pueden afectar a la energía del día. Los aspectos son cálculos matemáticos que miden la distancia existente entre los planetas con objeto de descubrir el modo en que interactúan, como si se comunicaran entre sí desde diferentes partes del cielo dentro de tu carta.

La relación entre dos o más planetas de tu carta natal está representada por las líneas zigzagueantes que atraviesan la rueda del zodíaco. Cada una de estas líneas representa los tres tipos básicos de aspectos: armónicos, estimulantes y conjunciones. Estos aspectos revelan áreas de tu carta por planeta, signo y casa que crean tensión o motivación, o bien facilidad y fusión de energía.

Aprender a leer la tabla de aspectos de tu carta te ayudará a comprender las líneas de comunicación que se crean entre los planetas, lo que te conducirá a una comprensión más profunda de tu personalidad. Conocer tus aspectos resulta de gran utilidad para superar patrones y conductas que pueden obstaculizar tu avance y te ayuda a cultivar la autocompasión. Asimismo, te muestra dónde brillas de forma natural a fin de que puedas optimizar esa energía en tu beneficio.

Los aspectos son complejos y están llenos de matices. Se han escrito volúmenes enteros sobre ellos, y los astrólogos pueden reflexionar durante horas sobre su significado en una sola carta natal. Dado que esta obra tiene una función introductoria, deseo darte suficiente información como para despertar tu curiosidad. Si te resulta interesante, más adelante encontrarás una lista de recursos astrológicos (véase la página 182) que te permitirán ampliar la información al respecto.

LA TABLA DE ASPECTOS

La tabla de aspectos se encuentra debajo de la carta natal. Suele tratarse de una serie de casillas escalonadas que contienen todos los glifos planetarios y símbolos de los aspectos, que a su vez están conectadas a otro recuadro en el que se enumeran los planetas junto al signo y grado de tus planetas natales.

Los planetas aparecen en orden, empezando por el Sol. Puedes seguir con el dedo cada columna individual para ver qué símbolos de aspectos aparecen y después continuar hacia la derecha para descubrir a qué planeta se está aspectando. La mayoría de los sitios web de astrología muestran los aspectos armónicos en azul y los aspectos estimulantes en rojo. Esto se corresponde con el color de las líneas de tu carta.

ASPECTOS ARMÓNICOS

Los dos aspectos armónicos más importantes de tu carta natal son los sextiles y los trígonos. Los reconocerás por los símbolos ✳ para sextil y △ para trígono en la tabla de aspectos de la parte inferior de tu carta.

SEXTIL 60° ✳

Cada sector que representa una casa del zodíaco tiene 30 grados. Esto significa que los planetas que se encuentran a dos signos/casas de distancia están a 60 grados, una relación conocida como sextil. Un sextil en tu carta representa facilidad o bien una oportunidad que puede llegar en forma de personas positivas en tu vida. El tipo de experiencia dependerá de los planetas implicados.

Por ejemplo, un sextil entre tu Sol y tu Luna mostrará armonía entre sus sentimientos y tu forma de expresarte, creando ocasiones para brillar (Sol) cuando conectas con tus emociones y tu intuición (Luna).

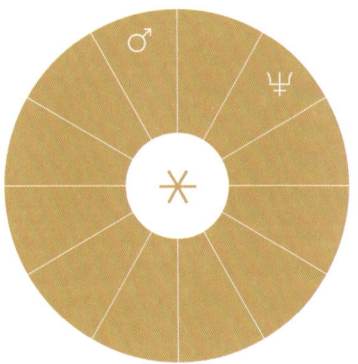

TRÍGONO 120° △

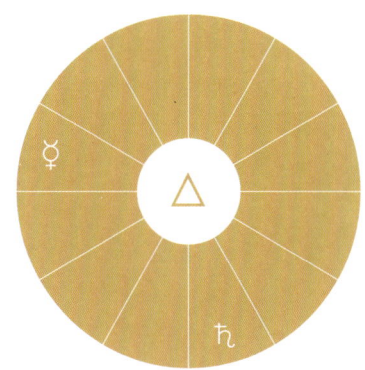

Los planetas que se encuentran a cuatro signos/casas de distancia o a 120 grados forman un aspecto conocido como trígono. Un trígono en tu carta muestra un área de facilidad y fluidez. Cuando dos o más planetas forman un trígono entre sí, están experimentando la misma energía elemental —tierra, aire, fuego o agua—, lo que les permite entenderse claramente.

Por ejemplo, Venus en trígono con Júpiter puede proporcionarte buena fortuna en las relaciones y hacer que seas optimista, inspirador y cariñoso. Los trígonos también pueden mostrarte las áreas donde estás siendo perezoso y de las que podrías beneficiarte si te esforzaras en sacar provecho de estos aspectos favorables.

Trabajar con la carta natal: sextiles y trígonos

1. Completa la rueda del zodíaco con tus posiciones planetarias. Luego localiza los sextiles y trígonos contando las casas para calcular la distancia existente entre los planetas.

2. Dibuja diferentes tipos de líneas entre los planetas para representar cada sextil y trígono.

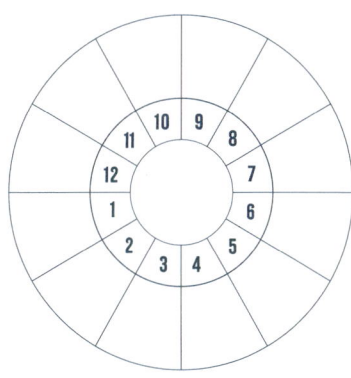

REFLEXIÓN

Piensa en alguna ocasión en la que te hayas beneficiado de los aspectos armónicos de tu carta. ¿Cómo puedes atraer más energía afortunada a tu vida en función de estos aspectos?

....

....

....

....

ASPECTOS ESTIMULANTES

Los dos aspectos más importantes de tu carta natal que representan un desafío son las cuadraturas y las oposiciones. Los reconocerás por los símbolos □ para cuadratura y ☍ para oposición en la tabla de aspectos de la parte inferior de tu carta.

CUADRATURA 90° □

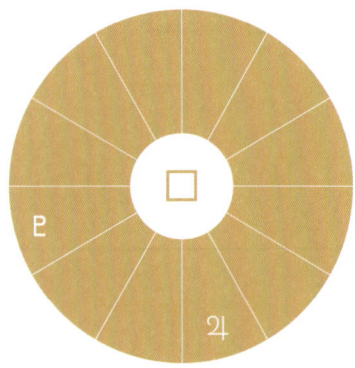

Los planetas que se encuentran a tres signos/casas de distancia o a 90 grados forman un aspecto conocido como cuadratura. Las cuadraturas en la carta natal generan tensión, como si los dos planetas se rozaran, creando una fricción interna incómoda. Este tipo de tensión produce la necesidad de un cambio para aliviar la presión. Aunque las cuadraturas no resultan divertidas, son necesarias para ayudarte a crecer y evolucionar en las áreas representadas por los planetas implicados.

Por ejemplo, una cuadratura entre el Sol y la Luna puede percibirse como una lucha constante entre permitir que brille tu personalidad (Sol) y sentirte emocionalmente seguro (Luna) al hacerlo. Crear tu propia sensación de seguridad interna te ayudará a tener más confianza en ti mismo.

OPOSICIÓN 180° ☍

Los planetas que se encuentran a seis signos/casas de distancia o a 180 grados forman un aspecto conocido como oposición. Los planetas en oposición se encuentran uno frente a otro en el firmamento, literalmente oponiendo sus respectivas energías entre sí y creando fricción. Imagina los planetas implicados mirándose fijamente desde el otro lado del cielo y negándose a ceder.

Por ejemplo, si tienes el Sol opuesto a la Luna en tu carta es porque naciste en luna llena y tu personalidad esencial (Sol) se opone a tus necesidades emocionales (Luna), creando una rivalidad que requiere una solución intermedia constante por tu parte.

Aunque parezca una situación frustrante, aprender a transigir te mostrará cómo aprovechar los recursos de ambos planetas.

Trabajar con la carta natal: cuadraturas y oposiciones

1. Completa la rueda del zodíaco con tus posiciones planetarias y, a continuación, localiza las cuadraturas y oposiciones contando las casas para calcular la distancia existente entre los planetas.

2. Dibuja diferentes tipos de líneas entre los planetas para representar cada cuadratura y oposición.

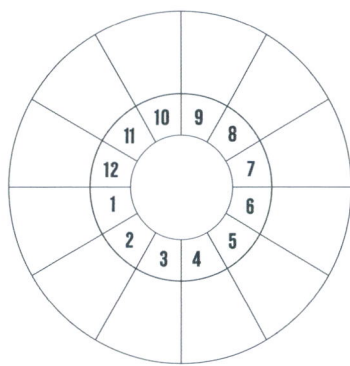

REFLEXIÓN

¿De qué manera el descubrimiento de aspectos estimulantes en tu carta te ha mostrado las áreas en las que puedes experimentar crecimiento?

....

....

....

....

CONJUNCIONES 0° ☌

Los planetas que se muestran en la misma casa/ signo que otro planeta dentro de un margen de 3 grados en cualquier dirección forman un aspecto conocido como conjunción. La reconocerás mediante el símbolo ☌ en la tabla de aspectos de la parte inferior de tu carta. Este aspecto no es ni problemático ni beneficioso por naturaleza, sino que depende de los planetas implicados.

Las conjunciones son aspectos relevantes cuando están presentes en la carta natal. Siempre que dos o más planetas forman una conjunción, mezclan sus energías. Ganan fuerza como unidad, pero pierden la potencia de su individualidad, como cuando se combinan los ingredientes de una receta. Por ejemplo, si tu Sol está en conjunción con tu Luna, entonces naciste en luna nueva, lo cual constituye una poderosa fusión de estos dos importantes cuerpos celestes. Esta conjunción alinea tu personalidad y tus deseos (Sol) con tus necesidades emocionales (Luna), lo que te convierte en alguien increíblemente fuerte, decidido e independiente.

Trabajar con la carta natal: conjunciones

1. Completa la rueda del zodíaco con tus posiciones planetarias y, a continuación, localiza las conjunciones en tu carta buscando los planetas que comparten una casa.

2. Dibuja un círculo alrededor de los planetas que están en conjunción.

REFLEXIÓN

¿En qué áreas de tu vida podrían aportarte fuerza tus conjunciones? ¿Qué rasgos de tu personalidad pueden acentuar estas energías planetarias?

....

....

....

....

PATRONES DE ASPECTOS

Además de los cinco aspectos principales, existen otros tres importantes patrones de aspectos que pueden aparecer en tu carta natal: los grandes trígonos, las cuadraturas en T y las grandes cruces. Cada uno de ellos se compone de una combinación de aspectos y desempeña un papel relevante en tu personalidad en esta vida.

GRAN TRÍGONO

Un gran trígono es un patrón de aspectos formado por tres trígonos que se unen en un elemento concreto (tierra, aire, fuego o agua). Los trígonos son aspectos armónicos e indican facilidad y naturalidad. La observación de los tres planetas implicados en un gran trígono te mostrará la energía benéfica que se produce cuando estos astros se conectan. Es importante tener presente este patrón con objeto de maximizar sus beneficios a lo largo de la vida.

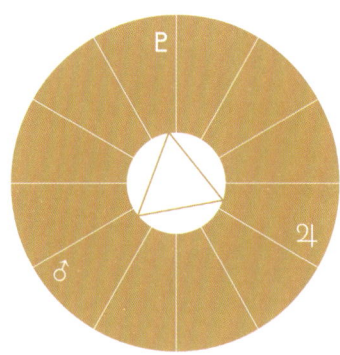

CUADRATURA EN T

La cuadratura en T es un patrón de aspectos que se produce cuando dos o más planetas se oponen entre sí y además están en cuadratura con otro planeta o planetas, formando literalmente una T en la carta. Las cuadraturas y oposiciones son aspectos estimulantes que requieren esfuerzo y atención a fin de fomentar el crecimiento y la integración. En el planeta que forma la cuadratura es donde se encuentra la energía que equilibra la tensión creada por los planetas en oposición.

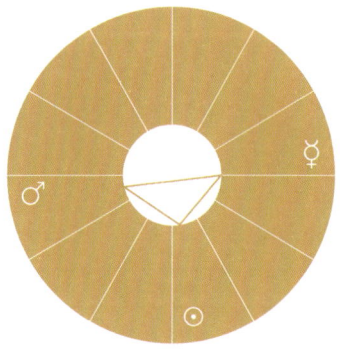

GRAN CRUZ

Una gran cruz es un patrón de aspectos que se forma cuando dos diferentes grupos de planetas en oposición se cruzan en el cielo. Las oposiciones son aspectos estimulantes, y la presencia de dos oposiciones apunta a múltiples desafíos a lo largo del camino de la vida que requieren que estés presente, centrado y consciente para aportar equilibrio a los planetas implicados en la gran cruz.

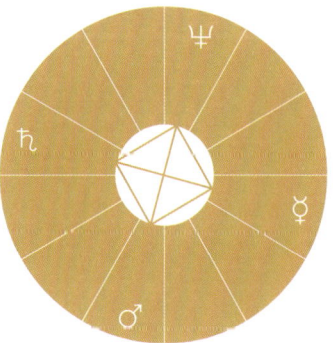

Trabajar con la carta natal: patrones de aspectos

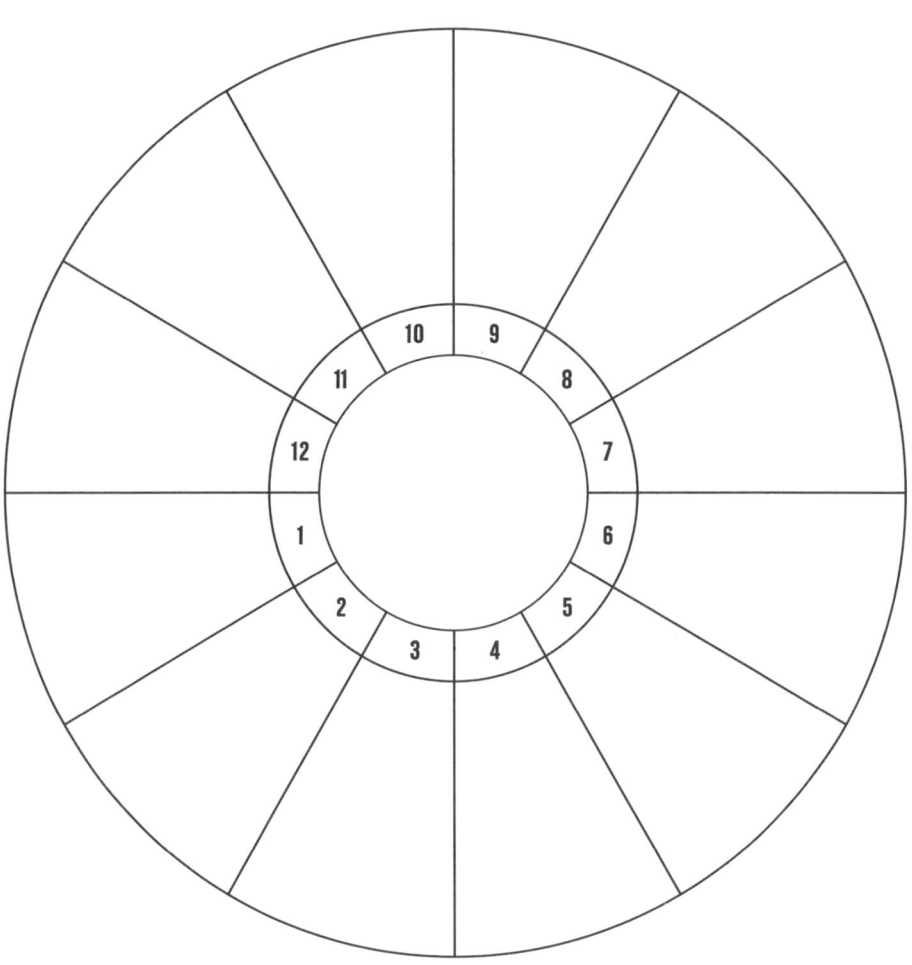

1. Dibuja pequeños puntos en tu carta que representen a cada planeta que forme alguno de los principales patrones de aspectos en la rueda del zodíaco.

2. Dibuja diferentes líneas que indiquen los patrones de gran trígono, gran cruz o cuadratura en T.

3. En mi carta veo los siguientes patrones de aspectos:

....

4. Estos patrones pueden interpretarse como:

....

....

REFLEXIÓN

Ahora que conoces la existencia de ciertos patrones de aspectos en tu carta, ¿cómo crees que puedes aprovechar la energía de los planetas implicados a fin de maximizar tu potencial en esta vida?

....

....

....

....

DIEZ

Profundizar en la carta natal

· · · · · · · · · · · · · · · · · ·

EL ANÁLISIS DE TU CARTA NATAL tiene beneficios duraderos que van revelándose a medida que ahondas en ella. Lleva tiempo comprender e integrar las múltiples capas y matices de la astrología personal, y es posible que un día apenas rasques la superficie y otro día te adentres mucho más a fondo. Una vez que tengas una comprensión general de las posiciones planetarias y sus energías junto con las casas y los aspectos, puedes pasar a descubrir aún más elementos de tu carta. Cuanto más la estudies, más aprenderás sobre ti mismo.

El siguiente capítulo constituye una introducción a otros cuerpos planetarios y puntos de la carta que desempeñan un papel importante en la personalidad y la trayectoria vital. Aquí se incluyen los asteroides, que, sin ser tan relevantes como los planetas mayores, destacan por sus sutiles efectos energéticos. También abordaremos la importancia de los nodos lunares y los cuatro puntos principales de la carta: MC, IC, AC y DC, que contribuyen a tu progreso a lo largo de la vida. También estudiaremos la forma concreta de tu carta, así como los patrones que forman tus planetas y dónde están situados, lo cual resulta relevante en la comprensión de quién eres y qué estás destinado a realizar en esta vida. Por último, examinaremos la retrogradación planetaria, así como la fuerza o debilidad de las posiciones planetarias según las cuatro dignidades.

ASTEROIDES

Los asteroides son planetas menores asociados a la mitología griega y romana. Hay más de doce mil asteroides documentados en nuestro sistema solar que puedes explorar en numerosas páginas web de astrología gratuitas mientras calculas tu carta natal. ¡Pero no te agobies! En astrología solemos centrarnos específicamente en los cinco aquí expuestos. El conocimiento de lo que representa cada signo y casa te mostrará igualmente el significado de cada asteroide en tu carta.

QUIRÓN ⚷

Quirón está clasificado como asteroide, aunque en realidad es un cometa. Conocido como el sanador herido, era representado en la mitología por un centauro que resultó herido por una flecha y nunca terminó de sanar del todo. En tu carta natal, la posición de Quirón por casa y signo te mostrará la herida sin cicatrizar que acarreas en esta vida. Si trabajas para curarte a ti mismo, podrás enseñar a otros a hacer lo mismo.

CERES ⚳

Ceres es el asteroide que representa los ciclos de crecimiento, nutrición y cuidados, y está relacionado mitológicamente con Deméter, diosa de la cosecha y madre de Perséfone. La posición de Ceres por casa y signo te mostrará cómo atiendes todas tus necesidades, lo que incluye cómo te nutres y cuidas tanto a ti mismo como a los demás.

PALAS ⚴

Palas es el asteroide que representa la sabiduría y la guerrera interior de energía femenina. Mitológicamente relacionado con Atenea, la sabia guerrera hija de Zeus, su posición por casa y signo te mostrará cómo abordas estratégicamente los conflictos desde el conocimiento y no desde la fuerza bruta.

JUNO ⚵

Juno es el asteroide que representa los claroscuros del matrimonio o de las relaciones duraderas y comprometidas. Está relacionado mitológicamente con Hera, esposa leal del infiel Zeus. El signo en el que se encuentra Juno te mostrará lo que te atrae y te motiva en las relaciones, junto con las heridas vinculadas al apego.

VESTA ⚶

Vesta es el asteroide asociado con los templos legendarios que construimos y cuidamos para sentirnos seguros. Mitológicamente relacionado con las vírgenes vestales que cuidaban la llama sagrada, la posición de Vesta por casa y signo te mostrará dónde creas espacios sagrados de devoción y cómo los atiendes.

Trabajar con la carta natal: asteroides

1. Enumera los cinco asteroides y las casas en las que se encuentran en tu carta.

   ....

   ....

2. ¿Qué asteroides aparecen en los mismos signos o casas que tus otros planetas?

   ....

   ....

3. Observa si algún asteroide ocupa casas o signos que antes estaban vacíos. Escribe su nombre.

   ....

   ....

REFLEXIÓN

¿Cómo crees que influye en tu personalidad la energía de las posiciones de los asteroides en tu carta?

....

....

....

....

NODOS LUNARES ☊ ☋

Los nodos lunares son dos puntos donde el Sol y la Luna se encuentran durante los eclipses y que están asociados con el destino, la suerte y las vidas pasadas. El Nodo Norte y el Nodo Sur están situados en puntos opuestos y permanecen conectados cósmicamente al lugar hacia donde te diriges y del que procedes. La casa y el signo en los que se encuentre tu Nodo Norte (también llamado «Nodo Real») te ayudarán a comprender las cualidades y motivaciones relacionadas con tu propósito más elevado. Tu Nodo Norte te supondrá un desafío y te parecerá extraño e incómodo, mientras que tu Nodo Sur te parecerá fácil y seguro. Tomar el camino cómodo no te aportará el crecimiento y la satisfacción que deseas en esta vida, mientras que seguir tu Nodo Norte te presentará oportunidades propicias y una gran plenitud.

CASAS DOMINANTES

La rueda del zodíaco puede dividirse en tres tipos de casas: angulares, sucedentes y cadentes. La categoría en la que residen la mayoría de tus planetas se conoce como el tipo de casa dominante. Es normal tener planetas en dos o tres tipos y no solo en uno. Las casas que contienen planetas adquieren una mayor importancia en tu vida, mientras que las que permanecen vacías tienen un impacto menos significativo.

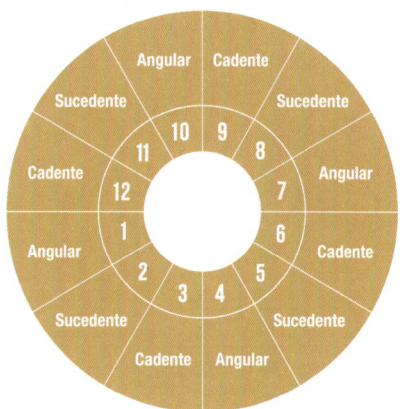

CASAS ANGULARES–1, 4, 7, 10

Las casas angulares de tu carta natal están orientadas a la acción, al estar asociadas a los signos cardinales Aries, Cáncer, Libra y Capricornio. Cuando varios de tus planetas natales se encuentran en estas casas, eres una persona en la que predominan características angulares relacionadas con emprender, tomar la iniciativa y poner las cosas en marcha.

CASAS SUCEDENTES–2, 5, 8, 11

Las casas sucedentes de tu carta natal muestran estabilidad y anclaje, al estar asociadas a los signos fijos Tauro, Leo, Escorpio y Acuario. Cuando varios de tus planetas natales se encuentran en estas casas, eres una persona en la que predominan características sucedentes tales como una personalidad firme y fiable. Te comprometes sin reservas y sabes cómo actuar.

CASAS CADENTES–3, 6, 9, 12

Las casas cadentes de tu carta natal son flexibles y adaptables, al estar asociadas a los signos mutables Géminis, Virgo, Sagitario y Piscis. Cuando varios de tus planetas natales se encuentran en estas casas, eres una persona en la que predominan características cadentes, tales como dejarse llevar, estar abierta al cambio y estar en constante movimiento.

Trabajar con la carta natal: casas dominantes

1. Enumera las casas que contienen la mayoría de tus planetas, señalando si son angulares, sucedentes o cadentes.

   ....

   ....

2. ¿Qué casas están vacías? Observa si son angulares, sucedentes o cadentes.

   ....

   ....

3. ¿Cómo crees que influyen en tu personalidad las casas que albergan la mayoría de tus planetas?

   ....

   ....

REFLEXIÓN

¿Cuál crees que es el significado de las casas vacías en tu carta?

....

....

LOS EJES AC-DC Y MC-IC

Si te fijas en tu carta, verás que aparecen las iniciales AC, DC, MC e IC. Estos importantes puntos son las cúspides de las cuatro casas angulares, conocidas como los ejes AC/DC y MC/IC. Nos referimos a estos puntos como ejes debido a que se oponen entre sí. Estos cuatro puntos sensibles se activan a través de aspectos y tránsitos planetarios, y te mostrarán de dónde vienes y hacia dónde te diriges.

El AC o ascendente describe cómo te percibe el mundo a primera vista, así como tu conexión con la casa I, que se opone a la cúspide de tu casa VII. Tu DC o descendente representa lo que buscas en las relaciones. El eje AC/DC describe la relación entre uno mismo y los demás. Por ejemplo, un AC en Cáncer será sumamente emocional y protector, una cualidad que se muestra fácilmente al mundo y que los demás buscan en ti, mientras que en el opuesto Capricornio destaca la estructura y estabilidad que desea en sus relaciones para ayudar a cimentar sus fuertes emociones.

El eje MC-IC está relacionado con quién eres en el hogar frente a quién eres en el mundo. El IC (Bajo Cielo), situado en la cúspide de la casa IV, representa tu mundo psicológico privado y tu vida doméstica. Frente al IC se encuentra el MC (Medio Cielo) en la cúspide de la Casa X, que describe tu vida profesional y estatus social. Necesitamos un equilibrio entre los ámbitos laboral y personal para crear una vida que se adapte a nuestros gustos y deseos individuales. Conocer tus necesidades básicas para la vida familiar y doméstica —tal como describe tu IC— te ayudará a encontrar la confianza que necesitas para buscar los entornos y recursos descritos por tu MC cuando estés a la luz pública creando un legado y realizando una labor significativa. Por ejemplo, un IC Leo deseará una base creativa y alegre donde sentirse visto por sus seres queridos para poder salir al mundo y ser su yo Acuario, que no precisa ese reconocimiento y validación individuales. Son personas que anteponen las necesidades del grupo a las suyas propias.

HEMISFERIOS

La rueda del zodíaco se divide en cuatro hemisferios: sur, norte, este y oeste. Sin embargo, estos hemisferios se presentan invertidos con respecto a como vemos normalmente el globo terráqueo. Aquellos que contienen la mayor parte de tus planetas describen la energía de tu carta.

SUR

El hemisferio sur está situado por encima del eje AC/DC y contiene las casas VII-XII, incluido el MC o Medio Cielo. Este hemisferio está asociado con el ámbito consciente, y los planetas situados en él se consideran más extrovertidos o en el ojo público.

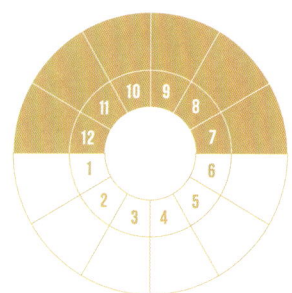

NORTE

El hemisferio norte está situado por debajo del eje AC/DC y contiene las casas I-VI, incluido el IC o Bajo Cielo. Este hemisferio está asociado con el ámbito inconsciente, y los planetas situados en él se consideran más introvertidos o implicados en su propio proceso interior.

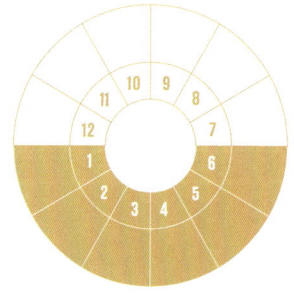

ESTE

El hemisferio este está situado a la izquierda del eje MC/IC y contiene las casas III-X, incluido el AC o ascendente. Este hemisferio está asociado con el yo y hace hincapié en el sentido de la independencia y en seguir tu dirección interior.

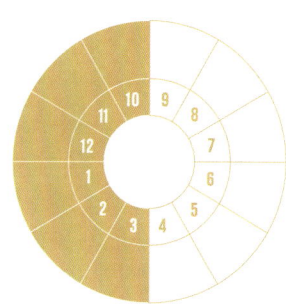

OESTE

El hemisferio oeste está situado a la derecha del eje MC/IC y contiene las casas IV-IX, incluido el DC o descendente. Este hemisferio está asociado con otras personas de tu vida y pone énfasis en las relaciones e interacciones que tienes con los demás.

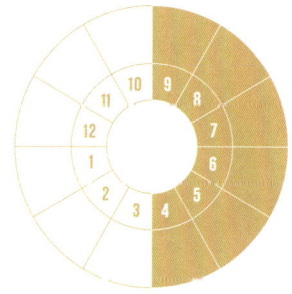

PATRONES DE LAS CARTAS

Otro factor que debe tenerse en cuenta al interpretar la carta natal es el patrón que forman los planetas. A finales del siglo XIX, el astrólogo Marc Edmund Jones identificó siete patrones en las cartas observando solamente dos factores: las direcciones y la forma de los patrones (sin tener en cuenta las casas ni los ejes). Observa tu propia carta y fíjate con cuál de los siguientes patrones coincide y cómo eso influye en tu propia energía.

CUENCO

La carta en forma de cuenco indica que todos tus planetas están concentrados en un lado de la carta, teniendo la mayoría de las casas vacías en el otro lado. Esto se reconoce fácilmente por una oposición de 180 grados entre el primer y el último planeta que componen el patrón. Esta forma indica una personalidad autosuficiente que necesita aprender a integrar el lado opuesto de su carta.

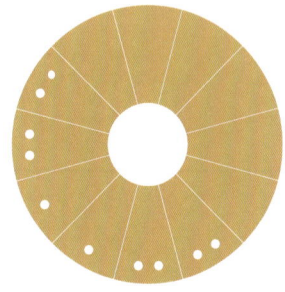

CUBO

La carta en forma de cubo es muy parecida a la del cuenco con la particularidad de que un planeta se encuentra en el lado opuesto de la carta, formando la llamada «asa» del cubo. Esta asa planetaria metafórica sostiene al resto de la carta, indicando un fuerte énfasis en ese planeta concreto, que te ayuda a esforzarte por compartir tu singularidad.

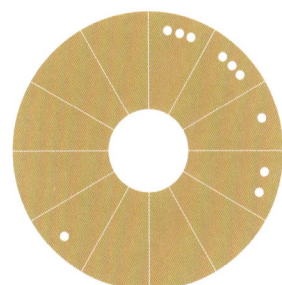

PAQUETE

La carta en forma de paquete se parece a la de cuenco, si bien en el paquete los planetas suelen estar contenidos en cuatro casas o dentro de un trígono de 120 grados, mientras que el resto de las casas permanecen vacías. Este patrón indica una personalidad hiperconcentrada y determinada a triunfar. Encontrar el equilibrio con las casas vacías es necesario para lograr una personalidad plenamente integrada.

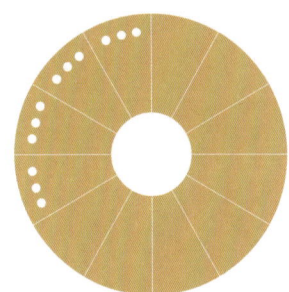

ABANICO

La carta en forma de abanico es similar a la del cubo y en ella un planeta que forma el mango se opone al resto de planetas agrupados en un trígono de 120 grados. Este patrón indica que el impulso y la ambición del conjunto se canalizan a través del planeta o planetas que se oponen al resto de la carta.

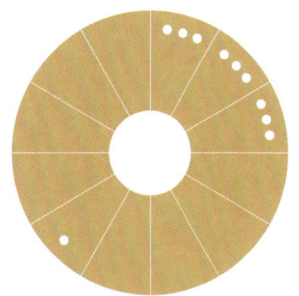

LOCOMOTORA

La carta en forma de locomotora tiene todos los planetas contenidos dentro de 240 grados de la carta, dejando vacío un trígono o 120 grados. Si se siguen los planetas implicados en el sentido de las agujas del reloj, se descubrirá qué impulsa a esa persona en función del planeta que conduce el tren. Este patrón indica una fuerte voluntad de avanzar y alcanzar el éxito.

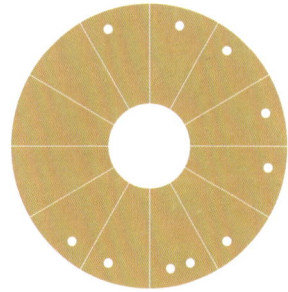

BALANCÍN

La carta en forma de balancín presenta dos grupos significativos de planetas opuestos en ambos lados de la carta, lo que deja al menos dos casas —o 60 grados— vacías a cada lado. Este patrón indica el reto de integrar dos lados muy diferentes de la personalidad que a menudo necesitan expresarse antes de alcanzar el equilibrio.

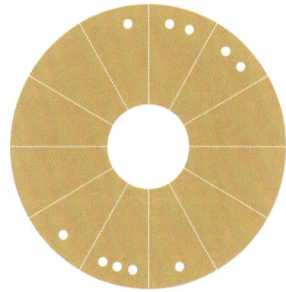

SALPICADURA

La carta en forma de salpicadura no parece seguir ninguno de los otros patrones, con planetas repartidos en al menos siete casas. Este patrón indica una personalidad rica y diversa con una amplia gama de intereses. Sin embargo, pueden surgir problemas al sentirse disperso energéticamente y tener dificultades para centrarse.

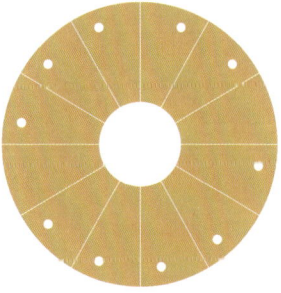

DESPLEGADO

La carta que presenta un patrón desplegado puede tener forma de trípode, con tres grupos de planetas separados por casas vacías. Este patrón indica una persona polifacética que valora su independencia. También existe la necesidad de integrar habilidades no relacionadas entre sí para maximizar tu potencial.

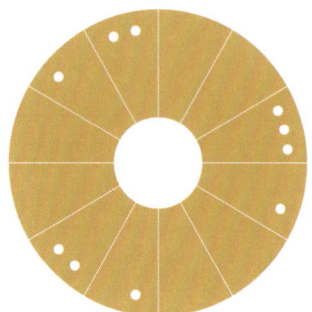

Trabajar con la carta natal: patrones

1. Dibuja pequeños puntos que representen cada planeta de tu carta en la rueda del zodíaco.

2. El patrón de mis planetas se aproxima al:

☐ cuenco   ☐ locomotora

☐ cubo   ☐ balancín

☐ paquete   ☐ salpicadura

☐ abanico   ☐ desplegado

Este patrón puede interpretarse del siguiente modo:

....

3. La mayoría de los planetas de mi carta aparecen en el hemisferio:

☐ sur   ☐ norte   ☐ este   ☐ oeste

Esto puede interpretarse del siguiente modo:

....

REFLEXIÓN

¿Cómo crees que el patrón de tu carta y la ubicación de los planetas en los hemisferios afectan a tu personalidad o a tu forma de actuar en la vida?

....

....

LAS CUATRO DIGNIDADES

Cuando un planeta se sitúa en un signo concreto de la carta natal, esa posición puede afectar a la fuerza o debilidad de ese planeta. En otras palabras, cada planeta de tu carta seguirá teniendo un efecto en ti, pero su potencia variará de acuerdo a la regencia planetaria, y esa regencia se clasifica según las cuatro dignidades siguientes:

- El domicilio de un planeta es el signo zodiacal al que rige.
- El detrimento es lo contrario del domicilio.
- La exaltación es una posición de máxima conciencia, donde un signo puede alcanzar su energía más potente.
- La caída es lo contrario de la exaltación de un signo.

Por ejemplo, dado que Marte está vinculado a Aries, este planeta está en su domicilio cuando se encuentra en Aries en una carta, y se muestra más débil o en detrimento cuando aparece en el signo opuesto a Aries, que es Libra. Por otro lado, Marte alcanza su energía más potente cuando está en exaltación en Capricornio, y su energía estará más debilitada cuando se sitúe en el signo opuesto de Capricornio, que es Cáncer.

Trata de no desanimarte si uno de tus planetas está en una posición de detrimento o caída. En mi caso, mi Luna en Escorpio y mi Marte en Libra se encuentran en las posiciones más débiles posibles, y nunca he dejado que eso me frene. Incluso las posiciones planetarias más debilitadas tienen un significado poderoso para ti. Además, cuentas con muchas otras posiciones importantes en tu carta que apoyan tus muchos otros puntos fuertes. Un dato que debes tener presente es que solamente los siete planetas perceptibles a simple vista cuentan con una clasificación en sus posiciones de exaltación y caída. En todo caso, no hay ningún motivo para estresarse a causa de las dignidades. Todos tus signos ejercen un efecto en ti, tanto si están en su apogeo como si operan desde una posición más tenue. Por ejemplo, tu signo ascendente es poderoso con independencia de su dignidad.

Trabajar con la carta natal: dignidades

La siguiente tabla presenta cada signo en su posición más poderosa y en su posición opuesta o más débil. Introduce tus signos y luego repasa la tabla, rodeando con un círculo los signos que estén clasificados en alguna de las dignidades.

PLANETA	MIS POSICIONES	DOMICILIO	DETRIMENTO	EXALTACIÓN	CAÍDA
SOL		Leo	Acuario	Aries	Libra
LUNA		Cáncer	Capricornio	Tauro	Escorpio
MERCURIO		Géminis, Virgo	Sagitario, Piscis	Virgo	Piscis
VENUS		Tauro, Libra	Escorpio, Aries	Piscis	Virgo
MARTE		Aries	Libra	Capricornio	Cáncer
JÚPITER		Sagitario	Géminis	Cáncer	Capricornio
SATURNO		Capricornio	Cáncer	Libra	Aries
URANO		Acuario	Leo	....	....
NEPTUNO		Piscis	Virgo	....	....
PLUTÓN		Escorpio	Tauro	....	....

LA RETROGRADACIÓN

¡No hay motivos para temer las retrogradaciones! Excepto el Sol, la Luna y la Tierra, cada planeta experimenta su propio período retrógrado. Un movimiento retrógrado se produce cuando, visto desde la Tierra, el planeta parece ralentizarse, detenerse y retroceder en su recorrido. Cuanto más cerca del Sol esté el planeta en cuestión, más a menudo ocurrirá esto. Mercurio es el infractor más recurrente, ya que experimenta su ciclo retrógrado entre tres y cuatro veces al año, mientras que Venus y Marte solamente presentan movimientos retrógrados cada año y medio o dos años. El resto de planetas sociales y exteriores llegan a atravesar anualmente un período retrógrado de hasta medio año, pero sus efectos son más sutiles debido a la distancia a la que se encuentran del Sol.

¿Qué significa esto? ¿Debería ser un motivo de preocupación? En absoluto. En la astrología, como en la vida, hay períodos en los que la acción resulta natural y otros en los que te sientes llamado a descansar e interiorizar. Considera cada planeta retrógrado como un período de reflexión interior, un tiempo para recargarte, reajustarte y corregir el rumbo antes de la siguiente oleada de acción. El planeta que entra en un período retrógrado te ofrecerá pistas sobre el área de la vida más afectada, mostrándote dónde frenar y cómo mirar hacia dentro.

Trabajar con la carta natal: retrogradación

1. Busca en tu carta el símbolo de retrógrado (una *r* minúscula junto al glifo planetario).

2. ¿Cuántos planetas retrógrados aparecen en tu carta? ¿Cuáles son?

....

3. ¿En qué áreas de tu vida influyen estos planetas?

....

....

REFLEXIÓN

¿De qué modo crees que han influido en tu vida los planetas retrógrados de tu carta con relación a sus características energéticas o a la casa en la que se encuentran? (Ten presente que la energía de estos planetas te afecta de forma interna y no externa, es decir, que se expresa hacia dentro o íntimamente más que hacia fuera). Si no hay planetas retrógrados en tu carta, ¿cómo crees que te afectan los tránsitos retrógrados?

....

....

....

Apéndice

Ejemplos de cartas

Beyoncé

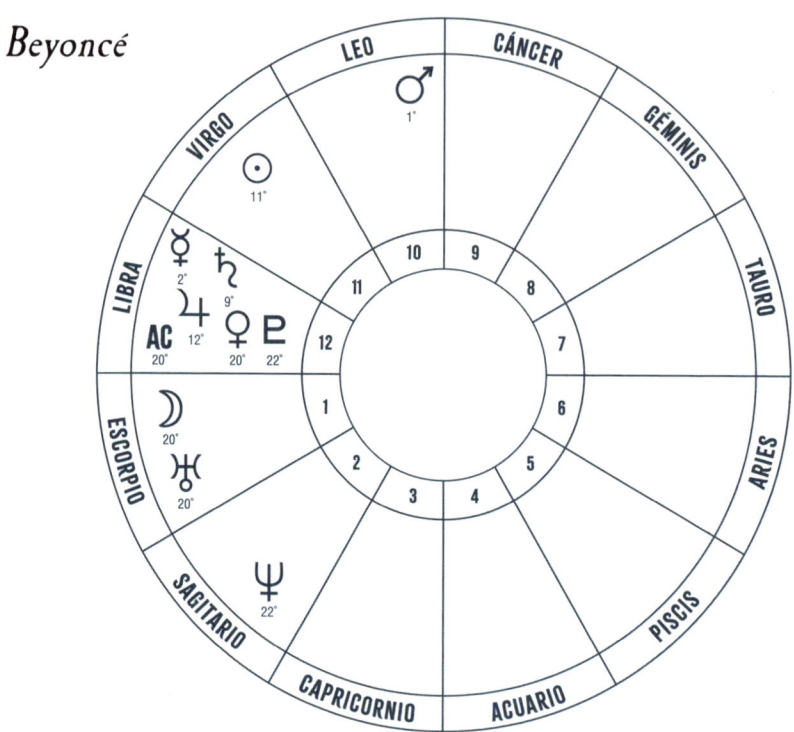

Beyoncé es una cantante, compositora y actriz feminista conocida por los mensajes inspiradores y empoderadores de su música y su innovador talento artístico. Nació el 4 de septiembre de 1981 en Houston, Texas, a las 10:00; es decir, tiene el Sol en Virgo, la Luna en Escorpio y el ascendente en Libra. Su regente es el bello y artístico Venus, apoyado por su trabajador Sol de Virgo. La forma de cuenco de su carta indica su gran independencia y su deseo de triunfar. Con el transformador Plutón en conjunción con su ascendente, irradia un poder que se expresa a través de la perspectiva justa y equilibrada de Libra. Su Luna en Escorpio, situada en la casa I, forma un armonioso trígono con su Medio Cielo, apoyando la necesidad emocional de aportar sus valores a su legado. La concentración de planetas en Libra, junto con su prominente Plutón y su Luna regida también por Plutón, ayudan a transformar la influencia venusina de la estética pura en algo potente e impactante, una verdadera fuerza que debe tenerse en cuenta.

Frida Kahlo

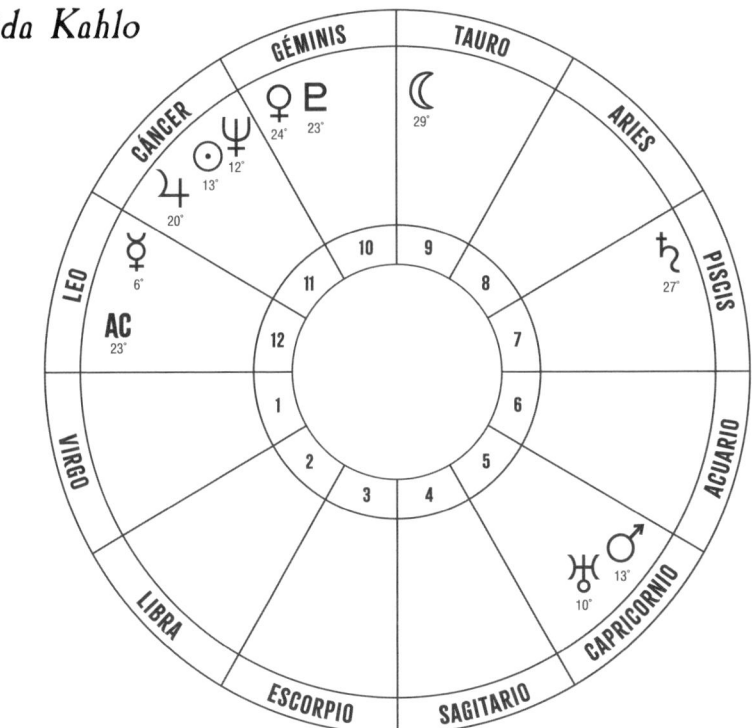

Frida Kahlo nació en Coyoacán, México, el 6 de julio de 1907, a las 8:30, por lo que tenía el Sol en Cáncer, la Luna en Tauro y el ascendente en Leo. Su Sol en Cáncer estaba en conjunción con Neptuno y Júpiter en la casa XI de las amistades y asociaciones grupales, siendo conocida por su militancia en el Partido Comunista y por su matrimonio con el muralista político Diego Rivera. Con el artístico Venus en conjunción con el poderoso e intenso Plutón en el comunicativo signo mutable Géminis también en la casa X, transmutó su dolor y sufrimiento en pasión, amor y placer a través de sus cuadros. Su ascendente en Leo está relacionado con su estilo icónico, y expresaba su individualidad y sus emociones a través de su trabajo y su estilo de vida, como refleja su Luna en el grado 29 de Tauro (un grado Leo, indicador de fama en una carta natal), en débil conjunción con su Medio Cielo. La oposición con el Sol del impredecible Urano en conjunción con el volátil Marte indica dolor y agitación; sin embargo, ella estaba destinada a causar un impacto en el mundo expresando sus traumas a través de su arte.

Nelson Mandela

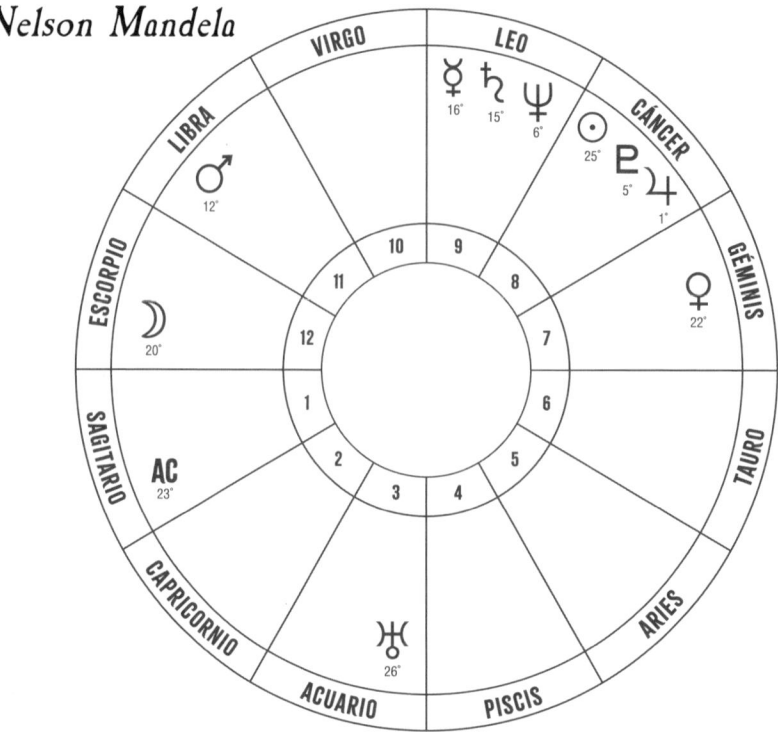

Nelson Mandela fue un activista sudafricano que luchó contra el *apartheid* y contribuyó a eliminar el sistema de segregación racial de su país. Más tarde se convirtió en el primer líder de la nación elegido democráticamente y recibió el Premio Nobel de la Paz por su compromiso con un traspaso pacífico del poder. Nació el 18 de julio de 1918 en Mvezo, Sudáfrica, a las 2:54, por lo que tenía el Sol en Cáncer, la Luna en Escorpio y el ascendente en Sagitario. Júpiter, el regente de su carta natal, estaba en oposición a su signo ascendente, creando desafíos interpersonales durante su camino de búsqueda de la verdad. Mandela fue encarcelado durante más de 27 años, y su emocionalmente inteligente Luna en Escorpio en la casa XII, relacionada con la prisión y el aislamiento, demuestra su capacidad para soportar largos períodos de reclusión. Urano en el humanitario Acuario se sitúa en la casa III de la comunicación, oponiéndose débilmente a su Medio Cielo en Virgo, lo que muestra grandes cambios y agitaciones que supusieron un desafío a su legado de servicio desinteresado. Mercurio en conjunción con Saturno en el signo de Leo templa la expresión entusiasta de Mercurio, indicando su empeño en comunicar lo verdaderamente relevante y beneficioso para la sociedad.

Prince

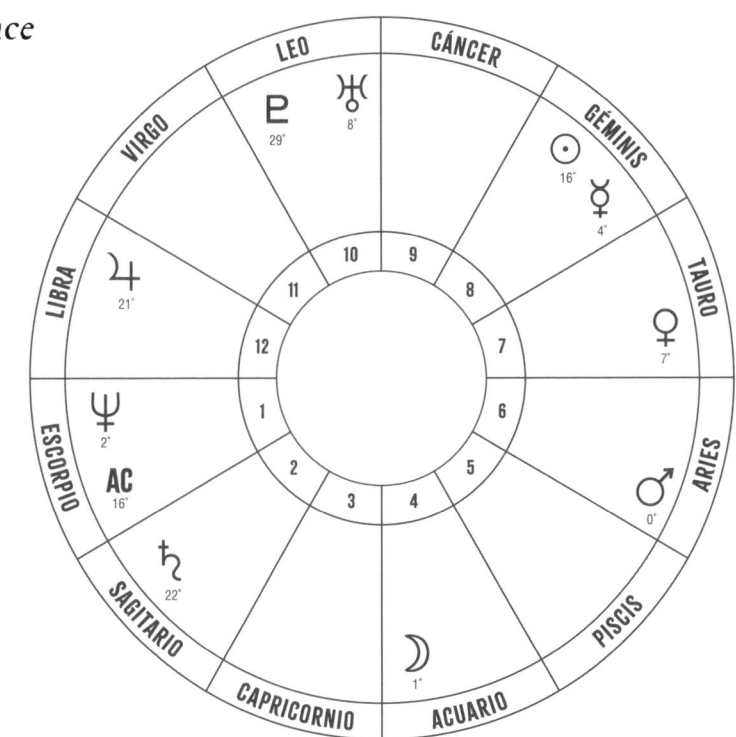

El músico Prince nació en Mineápolis, Minesota, el 7 de junio de 1958, a las 6:17, por lo que tenía el Sol en Géminis, la Luna en Piscis y el ascendente en Escorpio. Su Sol y su Luna situados en signos mutables constituían una combinación perfecta entre la prolífica producción compositiva y la afinidad vocal de Géminis y el arte musical de Piscis. Su intenso ascendente en Escorpio le brindó un aspecto de glamour misterioso y sexi, así como el talento para respaldarlo. Su Plutón en el grado 29 de Leo en conjunción con su Medio Cielo también en el grado 29 de Leo son indicadores de fama a través de la transformación de lo tabú, un sello distintivo de sus transgesoras actuaciones y de su presencia en general. El hecho de tener varios planetas en signos mutables (Sol, Luna, Mercurio y Saturno) es una señal de su identidad en evolución, ya que cambió su nombre de Prince por un símbolo (que parecía ser una mezcla de los glifos de Marte y Venus) que trascendiera el género. Más tarde se refirieron a él como «el artista antes conocido como Prince» o, simplemente, «el artista». A pesar de su fama, su Luna en Piscis en la casa IV en oposición a Plutón y su MC produjo un tira y afloja entre su personalidad pública y la protección de su vida privada.

Tu carta natal

Rellena tu carta usando la información que has aprendido a lo largo de estas páginas. Después escribe los detalles en la página siguiente.

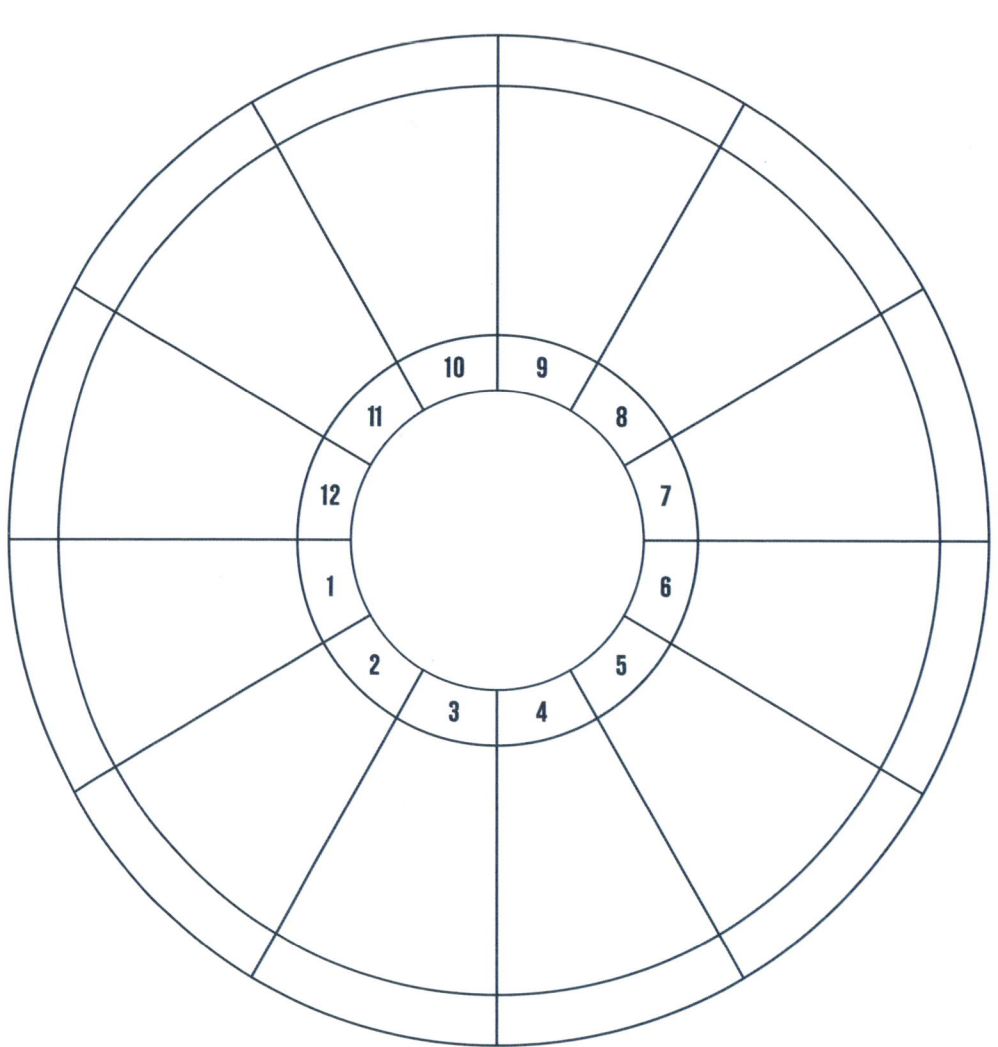

Tengo el Sol en la casa .... en el grado .... del signo de ....

Tengo la Luna en la casa .... en el grado .... del signo de ....

Tengo el ascendente en la casa .... en el grado .... del signo de ....

Tengo a Mercurio en la casa .... en el grado .... del signo de ....

Tengo a Venus en la casa .... en el grado .... del signo de ....

Tengo a Marte en la casa .... en el grado .... del signo de ....

Tengo a Júpiter en la casa .... en el grado .... del signo de ....

Tengo a Saturno en la casa .... en el grado .... del signo de ....

Tengo a Urano en la casa .... en el grado .... del signo de ....

Tengo a Neptuno en la casa .... en el grado .... del signo de ....

Tengo a Plutón en la casa .... en el grado .... del signo de ....

Otras observaciones: ....

....

....

....

....

....

....

....

....

....

NOTAS

NOTAS

NOTAS

NOTAS

Glosario

....

ACUARIO: undécimo signo zodiacal y regente natural de la casa XI. Planeta regente clásico: Saturno; planeta regente moderno: Urano.

ARIES: primer signo zodiacal y regente natural de la casa I, está regido por el planeta Marte.

ASCENDENTE (AC): cúspide de la casa I de la carta natal; representa los atributos físicos y las primeras impresiones.

ASPECTO: ángulo que forman los planetas entre sí junto con los puntos principales de la carta natal.

ASTEROIDE: pequeño cuerpo celeste. Los asteroides se clasifican como planetas menores que se encuentran en nuestro sistema solar orbitando alrededor del Sol.

ASTROLOGÍA: estudio de la influencia que ejercen los movimientos y posiciones relativas de los cuerpos celestes en los asuntos humanos y el mundo natural.

BAJO CIELO (IC): cúspide de la casa IV, describe el entorno doméstico y la vida privada.

CÁNCER: cuarto signo astrológico y regente natural de la casa IV, está regido por la Luna.

CAPRICORNIO: décimo signo astrológico y regente natural de la casa X, está regido por el planeta Saturno.

CARTA ASTRAL/NATAL: mapa que muestra la posición de los planetas en el momento del nacimiento de una persona, a partir del cual los astrólogos pueden deducir su carácter o potencial.

CASAS: las doce áreas de la astrología que describen una faceta diferente de la vida.

CERES: asteroide de los cuidados y los ciclos asociado a Deméter, madre de Perséfone.

CONJUNCIÓN: dos o más planetas en la misma casa o signo a una distancia de 0-3 grados entre sí, combinando su energía.

CUADRATURA: aspecto estimulante en el que dos o más planetas se encuentran a 90 grados o tres signos de distancia en la carta natal, creando tensión.

CUADRUPLICIDADES: estado o hecho de ser cuádruple o estar cuadruplicado. En astrología, el zodíaco se divide en tres grupos de cuatro signos: los signos cardinales, los signos fijos y los signos mutables, estando cada signo a una distancia de 90 grados del siguiente dentro de cada grupo.

DESCENDENTE (DC): cúspide de la casa VII de la carta natal, describe a las personas de nuestra vida y las cualidades que buscamos en las asociaciones de todo tipo.

DUALIDADES: la expresión de un signo en función de su energía masculina o femenina según esté dirigida hacia fuera o hacia dentro, sin distinción de género.

ECLÍPTICA: línea imaginaria en el cielo que marca la trayectoria del Sol, que también es seguida por la Luna y los planetas.

ELEMENTOS: término que hace referencia a los cuatro elementos de los signos astrológicos: tierra, aire, fuego y agua.

ESCORPIO: octavo signo zodiacal y regente natural de la casa VIII. Planeta regente clásico: Marte; planeta regente moderno: Plutón.

GÉMINIS: tercer signo astrológico y regente natural de la casa III, está regido por el planeta Mercurio.

JUNO: considerado el asteroide del matrimonio, está asociado a Hera, fiel esposa de Zeus.

JÚPITER: clasificado como planeta social, es el planeta de la suerte, la expansión, la espiritualidad y la verdad.

LEO: quinto signo zodiacal y regente natural de la casa V, está regido por el Sol.

LIBRA: séptimo signo zodiacal y regente natural de la casa VII, está regido por el planeta Venus.

LUNA: una de las dos luminarias de la astrología; representa las emociones, la intuición y la intimidad.

MARTE: clasificado como planeta interior, es el planeta de la agresividad, el deseo y la afirmación.

MEDIO CIELO (MC): la cúspide de la casa X; describe la trayectoria profesional, el legado y el trabajo en la esfera pública.

MERCURIO: clasificado como planeta interior, es el planeta de la comunicación y la mente.

MODALIDAD: describe el movimiento energético de un signo. Existen tres modalidades: cardinal, fija y mutable.

NEPTUNO: clasificado como planeta exterior, es el planeta de la ilusión, los sueños, la creatividad, la espiritualidad, el engaño y el escapismo.

NODOS LUNARES: Nodos Norte y Sur de la Luna asociados con el destino y el karma de vidas pasadas.

OPOSICIÓN: aspecto estimulante en el que dos o más planetas se encuentran a 180 grados de distancia, oponiéndose el uno al otro en la carta natal y creando tensión.

PALAS: asteroide asociado a la sabiduría y la estrategia, que toma su nombre de la diosa guerrera Atenea, hija de Zeus.

PISCIS: duodécimo signo zodiacal y regente natural de la casa XII. Planeta regente clásico: Júpiter; planeta regente moderno: Neptuno.

PLANETA: cuerpo celeste que orbita alrededor del Sol en nuestro sistema solar. En astrología, a cada planeta se le asignan unas características concretas que afectan a cada persona dentro de su carta natal única.

PLANETAS EXTERIORES: planetas más alejados del Sol: Urano, Neptuno y Plutón. Debido a sus extensas órbitas, tienen un mayor impacto en grupos de personas y se los conoce como planetas generacionales.

PLANETAS INTERIORES: los tres planetas más cercanos al Sol —Mercurio, Venus y Marte— que tienen mayor impacto en una persona.

PLANETAS SOCIALES: Júpiter y Saturno, de movimiento más lento que los planetas interiores, tienen un efecto tanto social como personal dentro de la carta natal.

PLUTÓN: clasificado como planeta exterior, es el planeta del poder, la destrucción, la rendición, la transformación, lo tabú y lo oculto.

QUIRÓN: asteroide sanador asociado al centauro herido de muerte. Es, en realidad, un cometa.

RETROGRADACIÓN: movimiento planetario aparentemente invertido visto desde la perspectiva terrestre.

SAGITARIO: noveno signo zodiacal y regente natural de la casa IX, está regido por el planeta Júpiter.

SEXTIL: aspecto armónico en el que dos o más planetas se encuentran a 60 grados o dos signos de distancia en la carta natal, creando oportunidades y encuentros beneficiosos con los demás.

SOL: la luminaria más brillante del zodíaco; representa el ego y la personalidad esencial.

TAURO: segundo signo zodiacal y regente natural de la casa II, está regido por el planeta Venus.

TRÍGONO: aspecto armónico en el que dos o más planetas se encuentran a 120 grados o cuatro signos de distancia en la carta natal, lo que indica facilidad y fluidez entre los planetas implicados.

VENUS: clasificado como planeta interior, es el planeta del amor, la belleza, la armonía y el dinero.

VESTA: asteroide y guardián de nuestra llama espiritual, asociado a las míticas vírgenes vestales.

VIRGO: sexto signo zodiacal y regente natural de la casa VI, está regido por el planeta Mercurio.

ZODÍACO: franja imaginaria celeste que se extiende unos 8 grados a cada lado de la eclíptica, dentro de la cual se encuentran las trayectorias visibles del Sol, la Luna y los principales planetas. Contiene doce constelaciones de las que derivan las doce divisiones conocidas como los signos del zodíaco.

Recursos

·····················

ASTROLOGÍA EN LÍNEA

www.astrologyhub.com

Un completo sitio web que ofrece prestigiosos cursos y recursos, incluido un pódcast con los mejores colaboradores astrológicos.

www.thedarkpixieastrology.com

Fundado por el astrólogo y escritor Nic Gaudetter, Dark Pixie cuenta con uno de los archivos gratuitos más exhaustivos, con artículos astrológicos fáciles de entender y clases digitales asequibles.

www.lovelanyadoo.com

La meca de los horóscopos semanales y los pódcasts de la autora, astróloga humanista y médium psíquica Jessica Lanyadoo.

LIBROS DE ASTROLOGÍA (EN INGLÉS)

The Astrology Deck: Your Guide to the Meanings and Myths of the Cosmos, de Lisa Stardust

Esta baraja es el complemento perfecto para la presente obra y puede ayudarte a ahondar en tu conocimiento de la astrología.

The Moon Sign Guide, de Annabel Gat

Un recorrido por lo que tu signo lunar representa en el paisaje emocional, el hogar, las ambiciones profesionales, la amistad y el amor, de la mano de la veterana astróloga de la revista *Vice* y autora del libro *The Astrology of Love & Sex*.

You Were Born for This, de Chani Nicholas

Una versión moderna de la metodología astrológica clásica que emplea el sistema de signos enteros para interpretar y liberar el potencial de tu carta natal.

Postcolonial Astrology: Reading the Planets through Capital, Power, and Labor, de Alice Sparkly Kat

En una aproximación intercultural a la comprensión de la astrología como lenguaje mágico, Alice Sparkly Kat revela el poder político que alberga y muestra el modo de canalizarla como una fuerza de sanación y liberación colectiva.

PÓDCAST ASTROLÓGICOS (EN INGLÉS)

Anne Ortelee's Weekly Weather

Mi pódcast favorito y una excelente fuente para estar al día sobre los tránsitos astrológicos semanales y los acontecimientos celestes.

Ghost of a Podcast

Un pódcast semanal presentado por la astróloga Jessica Lanyadoo, que proporciona consejos desde la perspectiva de la astrología.

Stars Like Us

Este pódcast semanal presentado por la célebre astróloga Aliza Kelly explora la mitología, la magia y la cultura pop. Es en parte un espacio divulgativo sobre astrología y en parte un programa de entrevistas.

Índice temático

Los números de página en cursiva indican ilustraciones, gráficos y tablas.

Agradecimientos

· ·

Muchas gracias a los equipos editorial y de *marketing* de Zeitgeist, incluyendo a Meg Ilasco, Sarah Curley, Pip Davidson y Sally McGraw. Habéis logrado que todo el proceso resulte divertido y me encanta trabajar con vosotros.

Un agradecimiento especial a mi marido, Kevin, por su apoyo y ánimo durante todo este tiempo.

Sobre la autora

Stefani Caponi (ella) es astróloga, tarotista, ilustradora y autora de los superventas *Tarot guiado* y *Guided Tarot for Teens*. Su labor se centra en explorar el trabajo con la sombra, la sanación y la creatividad, empleando el tarot y la astrología como vehículos para acceder a las esferas ocultas de uno mismo. Lleva ejerciendo como tarotista más de 20 años y se estableció como lectora profesional de tarot después de crear su primera baraja de tarot, llamada *Moon Void Tarot*. En 2017 comenzó a estudiar astrología y desde 2019 se dedica a la interpretación astrológica y escribe horóscopos centrados en la intimidad y las relaciones para la revista *Dame*. Además de su trabajo con el tarot y la astrología, ilustró la trilogía de ficción juvenil *Nuestros poderes ocultos,* de Caroline O'Donoghue. Stefanie aparece con frecuencia en los medios de comunicación como experta en astrología y ha contribuido con sus conocimientos astrológicos en publicaciones digitales como *Well+Good* y *The Everygirl*, así como en la plataforma Refinery29. Puedes contactar con Stefanie a través de su Instagram @moonvoidtarot y en su página web moonvoidtarot.com.

Sobre la ilustradora

Coni Curi es una ilustradora autodidacta de Buenos Aires, Argentina. Su estilo es conocido como «neonostalgia», ya que combina la tendencia *vintage* con temas actuales. Además de su faceta como ilustradora, ejerce como tarotista y ha ilustrado diversas barajas de tarot. Puedes encontrar a Coni en su Instagram @conicuri y en su página web conicuri.com.

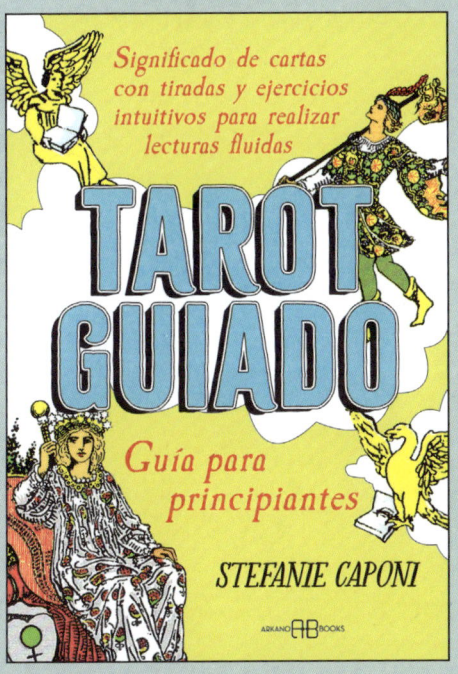

TAROT GUIADO.
GUÍA PARA PRINCIPIANTES

**Significado de cartas con tiradas y ejercicios intuitivos
para realizar lecturas fluidas**

En esta obra ilustrada, Caponi presenta ejercicios sencillos con los que podrás alimentar y desarrollar tu percepción, entender profundamente los significados universales de las cartas e incluso canalizar tus propios significados. También aprenderás a sintonizar tu energía con la baraja para obtener lecturas todavía más precisas.

Pronto desarrollarás suficiente seguridad como para leer las cartas para ti mismo e incluso para tus amigos y familiares sin necesidad de mirar el libro, lo que te permitirá sacar a la luz tus dones ocultos y hacer descubrimientos transformadores.